"十三五"高等职业教育汽车类专业"互联网+"创新教材

汽车发动机电控系统检修实训工作页

主　编　吴志强　胡文娟
副主编　董　峰　闫寒乙　韩　乐
参　编　贾辰飞　杨　锐　赵天胜　周　克
　　　　马　勇　刘　希　范　翔　葛　青
主　审　闫　军

机械工业出版社

本书是职业教育"汽车发动机电控系统检修"课程的配套教材。本书围绕主教材《汽车发动机电控系统检修》（ISBN：978-7-111-61086-1）的学习项目与实训任务，采用全国职业院校技能大赛中、高职汽车维修赛项的工单样式，设计了与实训任务配套的实训工作页。本书的主要内容包括汽车发动机电控系统认知、汽油供给系统检修、空气供给系统检修、电控点火系统检修和发动机排放控制系统检修。工作页的设计按照资讯、计划与决策、实施、检查与评估的方式编排，以方便教师进行实训课程设计与学生实训，体现了"行动导向"的课程改革理念。

本书是中、高职汽车类专业"汽车发动机电控系统检修"课程的配套实训指导书，也可作为汽车维修技能社会培训用书，还可供汽车维修技术人员参考使用。

图书在版编目（CIP）数据

汽车发动机电控系统检修实训工作页/吴志强，胡文娟主编. —北京：机械工业出版社，2018.11（2025.2 重印）
"十三五"高等职业教育汽车类专业"互联网+"创新教材
ISBN 978-7-111-61277-3

Ⅰ.①汽… Ⅱ.①吴… ②胡… Ⅲ.①汽车-发动机-电子系统-控制系统-检修-高等职业教育-教材 Ⅳ.①U472.43

中国版本图书馆 CIP 数据核字（2018）第 247206 号

机械工业出版社（北京市百万庄大街 22 号　邮政编码 100037）
策划编辑：曹新宇　　责任编辑：曹新宇　张丹丹
责任校对：梁　静　　封面设计：鞠　杨
责任印制：邓　敏
北京富资园科技发展有限公司印刷
2025 年 2 月第 1 版第 7 次印刷
184mm×260mm·8.5 印张·204 千字
标准书号：ISBN 978-7-111-61277-3
定价：24.80 元

电话服务	网络服务
客服电话：010-88361066	机 工 官 网：www.cmpbook.com
010-88379833	机 工 官 博：weibo.com/cmp1952
010-68326294	金 书 网：www.golden-book.com
封底无防伪标均为盗版	机工教育服务网：www.cmpedu.com

前 言

为贯彻《教育部关于深化职业教育教学改革全面提高人才培养质量的若干意见（教职成〔2015〕6号）》文件精神，有效开展实践性教学，加强专业课程的实训教学，编者在编写《汽车发动机电控系统检修》教材的基础上，针对实训课程的设计、组织、开展和考核，编写了本书，以方便教师进行实训课程设计与学生实训。

本书紧紧围绕"汽车发动机电控系统检修"课程的汽车发动机电控系统认知、汽油供给系统检修、空气供给系统检修、电控点火系统检修和发动机排放控制系统检修5个学习项目，共设计了16个实训任务的实训工作页。

本书的编写特点如下：

（1）实训任务源于汽车机电维修岗位中的典型工作任务，体现了"工学结合、学至于行"的专业理念。

（2）以大众迈腾、雪佛兰科鲁兹和丰田卡罗拉等典型教学车型为技术依据，使实训内容规范、科学。

（3）内容由简单到复杂、由浅入深、循序渐进，符合职业院校学生的学习特点和认知规律。

（4）实训工作页的设计按照资讯、计划与决策、实施、检查与评估的方式编排，体现了"行动导向"的课程设计思想与"过程性考核"的课程考核理念。

（5）本书配套技能微课视频，并通过信息化教学手段，将纸质教材与课程资源有机结合，为资源丰富的"互联网+"智慧实训教材。

本书由汉中职业技术学院吴志强担任第一主编（编写项目2、项目3）并完成统稿，商洛职业技术学院胡文娟担任第二主编（编写项目1）。担任副主编的有陕西航空技术学院董峰（编写项目4）、汉中职业技术学院闫寒乙（编写项目5）和咸阳职业技术学院韩乐（编写附录与图稿）。汉中职业技术学院闫军教授担任主审，为本书提出了许多宝贵的修改建议。参与本书编写的还有贾辰飞、杨锐、赵天胜、周克、马勇、刘希、范翔、葛青，他们为本书提供了大量的素材。

本书配套的技能微课视频资源由深圳风向标教育资源股份有限公司制作。浙江吉利控股集团、陕西唐龙汽车集团有限公司、汉中鼎鑫汽车销售有限公司等企业为本书的编写提供了设备和技术支持。本书在编写的过程中，参阅了大量的书籍和资料，在此对企业相关人员及参考书籍、资料原作者一并表示感谢！

由于编者水平有限，书中难免会有疏漏和不足之处，恳请业内专家、同仁和广大读者批评指正，欢迎大家致函243223507@qq.com交流。

编　者

目 录

前　言
二维码索引

项目 1　汽车发动机电控系统认知 ……………………………………… 1
任务 1.1　发动机电控系统部件外观检查 …………………………………… 1
任务 1.2　汽车诊断仪的使用 ………………………………………………… 10

项目 2　汽油供给系统检修 ……………………………………………… 17
任务 2.1　汽油发动机燃油压力的检测 ……………………………………… 17
任务 2.2　电动燃油泵及控制电路检修 ……………………………………… 23
任务 2.3　喷油器及控制电路检修 …………………………………………… 29
任务 2.4　缸内直喷高压燃油控制系统检修 ………………………………… 35

项目 3　空气供给系统检修 ……………………………………………… 44
任务 3.1　空气流量传感器及控制电路检修 ………………………………… 44
任务 3.2　进气歧管绝对压力传感器及控制电路检修 ……………………… 50
任务 3.3　进气温度传感器和冷却液温度传感器及控制电路检修 ………… 57
任务 3.4　怠速控制系统与电子节气门控制系统检修 ……………………… 64
任务 3.5　进气控制系统检修 ………………………………………………… 71

项目 4　电控点火系统检修 ……………………………………………… 82
任务 4.1　点火线圈与爆燃传感器及控制电路检修 ………………………… 82
任务 4.2　曲轴位置传感器和凸轮轴位置传感器及控制电路检修 ………… 90

项目 5　发动机排放控制系统检修 ……………………………………… 97
任务 5.1　燃油蒸发控制系统检修 …………………………………………… 97
任务 5.2　三元催化转化器与氧传感器及电路检修 ………………………… 104
任务 5.3　汽车尾气的检测与分析 …………………………………………… 111

附录 **116**

    附录 A 上汽通用汽车特约售后服务中心维修工单 116

    附录 B 2018 年全国中等职业学校技能大赛"汽车机电维修"

             赛项赛卷与评分标准 117

    附录 C 全国职业院校技能大赛高职组"汽车检测与维修"赛项竞赛试题库 122

参考文献 **127**

二维码索引

序号	任务名称	图形	序号	任务名称	图形
1	发动机电控系统部件外观检查		7	高压燃油压力传感器及控制电路检修	
2	汽车诊断仪的使用		8	高压喷油器及控制电路检修	
3	汽油发动机燃油压力检测		9	空气流量传感器及控制电路检修	
4	电动燃油泵及控制电路检修		10	进气歧管绝对压力传感器及控制电路检修	
5	喷油器及控制电路检修		11	进气温度传感器及控制电路检修	
6	高压燃油压力调节阀及控制电路检修		12	冷却液温度传感器及控制电路检修	

(续)

序号	任务名称	图 形	序号	任务名称	图 形
13	节气门位置传感器及控制电路检修		20	点火线圈及控制电路检修	
14	节气门电机及控制电路检修		21	爆燃传感器及控制电路检修	
15	加速踏板位置传感器及控制电路检测		22	曲轴位置传感器及控制电路检修	
16	气门正时可变控制系统检修		23	凸轮轴位置传感器及控制电路检修	
17	气门升程可变控制系统检修		24	燃油蒸发控制系统检修	
18	进气道可变控制系统检修		25	氧传感器及控制电路检修	
19	废气涡轮增压控制系统检修		26	汽车尾气的检测与分析	

项目1 汽车发动机电控系统认知

任务1.1 发动机电控系统部件外观检查

姓名		学生组号		班级	
实训场地		课时		日期	
任务导入	一辆装备1ZR-FE发动机的丰田卡罗拉轿车发动机电控系统发生了故障,入厂进行维修。技术经理要求先对该车发动机电控系统进行了解认知,并找出发动机电控元件的安装位置,初步观察其外观是否良好				
任务目标	掌握相关理论知识,制订工作计划,获取车辆VIN码等基本信息,完成车辆基本检查,熟悉发动机电控系统各部件的安装位置和连接情况,完成发动机电控系统部件外观检查的任务,排除相关故障				
实训设备	卡罗拉轿车或1ZR-FE发动机电控实训台或相似实训设备				
资讯	1)发动机管理系统的英文简称为_____。 2)汽油发动机电控系统主要由_____、_____和_____三大部分组成。 3)汽油发动机电控系统按照控制功能的不同可分为_____、_____、_____和_____等。 4)电控燃油喷射系统由_____、_____及_____组成。 5)在电控燃油喷射系统中,除喷油量控制外,还包括喷油正时控制、_____控制和_____控制。 6)电控点火系统最基本的功能是_____。此外,该系统还具有_____控制和_____控制功能。 7)排放控制主要包括汽油蒸气排放(EVAP)控制系统、_____、_____和_____等。 8)自诊断系统的英文简称是_____。 9)ECU在发动机中主要的输入接口是_____,最主要的输出接口是_____,它控制外部执行机构的动作,如喷油器和燃油泵等。 10)汽油发动机电控系统的控制方式根据是否具有反馈信号可分为_____控制与_____控制。				

（续）

资讯

11）信号输入装置的功用是采集电控系统所需的_____，并将其转换成_____输送给 ECU。

12）执行器的功用是接收 ECU 的指令，完成具体_____。

13）发动机电控系统的闭环控制系统除了有_____控制的功能外，还对其控制结果进行检测，并将检测结果输入 ECU，ECU 则根据反馈信号误差进行_____。

14）电控燃油喷射系统通过_____控制、_____控制、断油控制、_____控制等方式控制发动机。

15）汽油蒸气排放控制系统的英文缩写是_____。

16）辅助电控系统包括_____、_____、_____和_____。

17）怠速控制系统的英文简称是_____。

18）废气再循环控制系统的英文缩写是_____。

19）写出下列各图所示部件的名称与功用。

名称：_____
功用：_____

名称：_____
功用：_____

名称：_____
功用：_____

名称：_____
功用：_____

（续）

资讯

名称：_____
功用：_____

名称：_____
功用：_____

名称：_____
功用：_____

名称：_____
功用：_____

名称：_____
功用：_____

名称：_____
功用：_____

（续）

<table>
<tr><td rowspan="18">计划与决策</td><td rowspan="15">实施计划</td><td colspan="5">检测与诊断步骤</td><td colspan="2">仪器与工具、量具</td></tr>
<tr><td colspan="5">1.</td><td colspan="2"></td></tr>
<tr><td colspan="5">2.</td><td colspan="2"></td></tr>
<tr><td colspan="5">3.</td><td colspan="2"></td></tr>
<tr><td colspan="5">4.</td><td colspan="2"></td></tr>
<tr><td colspan="5">5.</td><td colspan="2"></td></tr>
<tr><td colspan="5">6.</td><td colspan="2"></td></tr>
<tr><td colspan="5">7.</td><td colspan="2"></td></tr>
<tr><td colspan="5">8.</td><td colspan="2"></td></tr>
<tr><td colspan="5">9.</td><td colspan="2"></td></tr>
<tr><td colspan="5">10.</td><td colspan="2"></td></tr>
<tr><td colspan="5">11.</td><td colspan="2"></td></tr>
<tr><td colspan="5">12.</td><td colspan="2"></td></tr>
<tr><td colspan="5">13.</td><td colspan="2"></td></tr>
<tr><td colspan="5">14.</td><td colspan="2"></td></tr>
<tr><td rowspan="2">任务分工</td><td>职责</td><td>组长/记录</td><td>主操作</td><td>辅操作</td><td>仪器管理</td><td>安全6S</td><td>质检</td></tr>
<tr><td>姓名</td><td></td><td></td><td></td><td></td><td></td><td></td></tr>
<tr><td>注意事项</td><td colspan="7"></td></tr>
<tr><td>实施</td><td colspan="8">

一、车辆基本检查

1. 实训车辆安全防护	
2. 登记车辆基本信息	整车型号：
	车辆识别代码：
	发动机型号：
3. 车辆油、电、水的检查	□ 正常　□ 不正常
4. 故障码的检查	DTC：

</td></tr>
</table>

（续）

	二、发动机电控系统传感器外观的检查					
实施	1. 空气流量传感器与进气温度传感器外观的检查		☐ 正常		☐ 不正常	
		元件端子	ECM 端子	功能	导线颜色	
	2. 凸轮轴位置传感器外观的检查		☐ 正常		☐ 不正常	
		元件端子	ECM 端子	功能	导线颜色	
	3. 冷却液温度传感器外观的检查		☐ 正常		☐ 不正常	
		元件端子	ECM 端子	功能	导线颜色	
	4. 氧传感器外观的检查		☐ 正常		☐ 不正常	
		元件端子	ECM 端子	功能	导线颜色	

（续）

实施	5. 曲轴位置传感器外观的检查		□ 正常	□ 不正常	
		元件端子	ECM 端子	功能	导线颜色
	6. 加速踏板位置传感器外观的检查		□ 正常	□ 不正常	
		元件端子	ECM 端子	功能	导线颜色
	7. 爆燃传感器外观的检查		□ 正常	□ 不正常	
		元件端子	ECM 端子	功能	导线颜色
	8. 节气门位置传感器与节气门体外观的检查		□正常	□不正常	
		元件端子	ECM 端子	功能	导线颜色

（续）

	三、发动机电控系统执行器外观的检查				
实施	1. 喷油器外观的检查	□ 正常		□ 不正常	
		元件端子	ECM 端子	功能	导线颜色
	2. 燃油泵外观的检查	□ 正常		□ 不正常	
		元件端子	ECM 端子	功能	导线颜色
	3. 活性炭罐电磁阀外观的检查	□ 正常		□ 不正常	
		元件端子	ECM 端子	功能	导线颜色
	4. 凸轮轴正时机油控制阀外观的检查	□ 正常		□ 不正常	
		元件端子	ECM 端子	功能	导线颜色
	5. 点火器与点火线圈外观的检查	□ 正常		□ 不正常	
		元件端子	ECM 端子	功能	导线颜色

（续）

四、发动机电控单元外观的检查

发动机电控单元外观的检查		☐ 正常	☐ 不正常
	B31 端子数量	A50 端子数量	
	ECM 端子	功能	导线颜色
	A50-1		
	A50-2		
	A50-4		
	A50-20		
	A50-28		
	B31-104		

五、诊断结论

元件损坏	名称：	维修建议：☐ 更换 ☐ 维修 ☐ 调整
线路故障	线路区间：	维修建议：☐ 更换 ☐ 维修 ☐ 调整
其他		

检查监督

☐ 6S 管理　　☐ 分工合理　　☐ 过程完整　　☐ 操作规范
☐ 数据正确　　☐ 现场恢复　　☐ 其他异常情况：_____

过程考核

过程考核评价		组长考核个人		
		A	B	C
教师考核小组	A	90~100 分	80~89 分	70~79 分
	B	80~89 分	70~79 分	60~69 分
	C	70~79 分	60~69 分	不合格
个人最终成绩				

参考考核标准

项目	评分标准	分值	得分
工作任务	明确工作任务，理解任务的重要性	6	
前期准备	掌握任务实施的基本知识以及重难点	6	
工作计划	按照任务要求，制订工作计划	6	
	小组每人任务分工	5	
	准备相关设备和工具	6	

（续）

		项目	评 分 标 准	分值	得分
检查与评估	参考考核标准	任务实施	车辆安全防护、基本信息登记	5	
			车辆油、水、电的基本检查	6	
			空气流量传感器与进气温度传感器外观的检查	2	
			凸轮轴位置传感器外观的检查	2	
			冷却液温度传感器外观的检查	2	
			氧传感器外观的检查	2	
			曲轴位置传感器外观的检查	2	
			加速踏板位置传感器外观的检查	2	
			爆燃传感器外观的检查	2	
			节气门位置传感器与节气门体外观的检查	2	
			喷油器外观的检查	2	
			燃油泵外观的检查	2	
			活性炭罐电磁阀外观的检查	2	
			凸轮轴正时机油控制阀外观的检查	2	
			点火器与点火线圈外观的检查	2	
			发动机电控单元外观的检查	2	
		6S 管理	清理场地，整理设备工具	10	
		实施过程	操作过程的规范标准	10	
		自我评价	对自身情况进行客观评价	6	
			任务实施过程中对自身问题进行评价	6	
			得分（满分 100 分）		
	实训小结				

任务1.2 汽车诊断仪的使用

姓名		学生组号		班级	
实训场地		课时		日期	
任务导入	一辆2018款科鲁兹轿车的发动机故障指示灯常亮,入厂进行维修。技术经理要求使用汽车诊断仪,查看该车发动机电控系统的故障信息,为维修提供信息				
任务目标	掌握相关理论知识,制订工作计划,掌握汽车自诊断系统的基本原理,完成汽车诊断仪读取(清除)故障码、读数据流、动作测试等汽车诊断仪的操作				
实训设备	科鲁兹轿车或博世KT720诊断仪或相似实训设备				
资讯	1)随车自诊断系统的功能是利用ECU监视电子控制系统各组成部分的工作情况,发现故障后,_____启动故障运行程序。 2)随车自诊断系统故障输出形式是_____或数据流。 3)随车自诊断系统主要由_____和_____组成。 4)诊断的输出接口由发动机_____和_____等组成。 5)若传感器输出的信号电压数值多次____正常工作范围且持续一定时间,ECU便认为该器件或电路发生了_____。 6)OBD-Ⅱ标准规定,各种车型的OBD-Ⅱ应具有_____和_____的诊断插座。 7)将点火开关转到ON位置,但不起动发动机,此时故障指示灯应当_____。 8)故障码的英文简称为_____。 9)DTC中第一个代码为英文代码,代表测试系统,____代表车身控制系统,____代表底盘控制系统,____代表发动机变速器控制系统,即动力控制总成,____代表车载网络系统。 10)汽车诊断仪可分为_____诊断仪和_____诊断仪。 11)常见的诊断仪生产厂家有_____、_____和元征等。 12)汽车诊断仪的功能主要有:_____、_____、_____、_____和其他特殊功能。 13)博世KT720的诊断软件安装在计算机上,需要通过_____或者_____与主机相连。				

（续）

资讯

14）博世 KT720 配有各种连接线、测试线 40 余条，用于_____、_____等测试的连接。

15）当 OBD-Ⅱ接头与车辆诊断座相连时，点火开关应处于_____状态。

16）博世 KT720 主机有_____、_____、_____、_____四种供电方式。

17）博世 KT720 通信有"_____""_____""_____"三种模式，为了方便工作一般选用"_____"模式。

18）冻结帧的功能是发动机管理系统对故障码功能的补充，主要是用于冻结触发时的发动机相关_____，帮助维修人员了解故障发生时的整车工况。

19）数据流真实地反映了各传感器和执行器的_____和状态，通过_____，由专用诊断仪读取数据，且随时间和工况而变化，为汽车故障诊断提供了依据。

20）博世 KT720"传感器测量"波形可以根据实际调整____、____、____、波形反相显示和光标等。

21）常用通用汽车诊断仪具备_____、_____、_____等常规功能，一些特殊的诊断仪还具备_____、_____、_____等功能。

22）汽车钥匙内一般都有_____，该芯片与本车电控系统中的防盗系统匹配使用，只有经过匹配的_____才能被汽车_____识别为合法钥匙，否则电控系统将认为该钥匙非法，不能_____，甚至不能_____。

23）汽车的里程数据储存在仪表的_____中，通过某些汽车诊断仪的特殊功能，配套特殊的_____，再配合相关软件，可以对车辆的_____进行修改。

24）写出下图中各端子的作用。

1._____ 2._____ 3._____ 4._____
5._____ 6._____ 7._____ 8._____
9._____ 10._____ 11.~14._____
15._____ 16._____

（续）

资讯	25）写出下图中故障码所表示的含义。 P 0 3 51 26）写出下图中解码仪的型号和厂家等信息。 型号：_____ 型号：_____ 厂家：_____ 厂家：_____	

计划与决策	实施计划	检测与诊断步骤	仪器与工具、量具
		1.	
		2.	
		3.	
		4.	
		5.	
		6.	
		7.	
		8.	
		9.	

（续）

		检测与诊断步骤				仪器与工具、量具	
计划与决策	实施计划	10.					
		11.					
		12.					
		13.					
		14.					
		15.					
	任务分工	职责	组长/记录	主操作	辅操作	仪器管理	安全6S	质检
		姓名						
	注意事项						

实施	一、车辆基本检查			
	1. 实训车辆安全防护			
	2. 登记车辆基本信息	整车型号：		
		车辆识别代码：		
		发动机型号：		
	3. 车辆油、电、水的检查	☐ 正常	☐ 不正常	
	4. 故障码的检查	DTC：		
	二、汽车诊断仪的连接			
	1. 诊断仪完备性的检查		☐ 正常	☐ 不正常
		测试计算机	☐ 正常	☐ 不正常
		诊断软件	☐ 正常	☐ 不正常
		测试线诊断座	☐ 正常	☐ 不正常
		诊断仪供电	☐ 正常	☐ 不正常

（续）

实施	2. 诊断仪的连接		□ 正常 □ 不正常	
		点火开关	□ OFF 位置	
		与车辆连接	□ 正常 □ 不正常	
		主机软件调试	□ 正常 □ 不正常	
	三、汽车诊断功能的使用			
	1. 读取版本信息		□ 正常 □ 不正常	
		VIN		
	2. 读取和清除故障码		□ 正常 □ 不正常	
	读取故障码	DTC		
	读取冻结帧			
	清除故障码		□ 正常 □ 不正常	
	3. 读取数据流		□ 正常 □ 不正常	
	数据流记录			
	4. 动作测试		□ 发动机熄火，点火开关置于 ON 位置	
	喷油器动作测试		□ 正常 □ 不正常	
	燃油泵动作测试		□ 正常 □ 不正常	
	活性炭罐电磁阀动作测试		□ 正常 □ 不正常	

（续）

实施	四、汽车分析功能的使用			
	1. 发动机状态的检查		☐ 点火开关置于 OFF 位置	
	2. T 型线、波形测试线的连接	BNC 端子		
		示波器正表笔		
		示波器负表笔		
	3. 凸轮轴位置传感器信号波形		☐ 正常　☐ 不正常	
	五、诊断结论			
	元件损坏	名称：	维修建议：☐ 更换　☐ 维修　☐ 调整	
	线路故障	线路区间：	维修建议：☐ 更换　☐ 维修　☐ 调整	
	其他			

检查与评估	检查监督	☐ 6S 管理　☐ 分工合理　☐ 过程完整　☐ 操作规范　☐ 数据正确　☐ 现场恢复　☐ 其他异常情况：_____			
	过程考核	过程考核评价	组长考核个人		
			A	B	C
		教师考核小组　A	90～100 分	80～89 分	70～79 分
		教师考核小组　B	80～89 分	70～79 分	60～69 分
		教师考核小组　C	70～79 分	60～69 分	不合格
		个人最终成绩			

（续）

		项目	评 分 标 准	分值	得分
检查与评估	参考考核标准	工作任务	明确工作任务，理解任务的重要性	6	
		前期准备	掌握任务实施的基本知识以及重难点	6	
		工作计划	按照任务要求，制订工作计划	6	
			小组每人任务分工	5	
			准备相关设备和工具	6	
		任务实施	车辆安全防护、基本信息登记	5	
			车辆油、水、电基本的检查	6	
			汽车诊断仪的连接	8	
			汽车诊断功能的使用	10	
			汽车分析功能的使用	10	
		6S 管理	清理场地，整理设备工具	10	
		实施过程	操作过程的规范标准	10	
		自我评价	对自身情况进行客观评价	6	
			任务实施过程中对自身问题进行评价	6	
	得分（满分100分）				
	实训小结				

项目 2　汽油供给系统检修

任务 2.1　汽油发动机燃油压力的检测

姓名		学生组号		班级	
实训场地		课时		日期	
任务导入	一辆装备 LDE 发动机的科鲁兹轿车出现起动困难、加速无力的现象，入厂进行维修，技术经理要求首先对该车发动机燃油压力进行测量，以便分析故障所在				
任务目标	掌握相关理论知识，制订工作计划，完成电控汽油发动机燃油系统泄压、燃油压力表连接和燃油压力测量等工作任务，排除相关故障				
实训设备	科鲁兹轿车或 LDE 发动机电控实训台或相似实训设备				
资讯	1）EFI 指的是_____。 2）汽油发动机燃油喷射系统由_____、_____及有关电子控制系统构成。 3）按燃油喷射位置的不同，电控汽油喷射系统可分为_____、_____和混合喷射。 4）按进气量的检测方式，电控汽油喷射系统可分为_____和_____。 5）按喷射时序，电控汽油喷射系统可分为_____、_____和_____。 6）汽油理论空燃比是_____，柴油理论空燃比是_____。 7）空燃比是可燃混合气中_____与_____之比。 8）在顺序喷射的系统中，发动机工作一个循环，曲轴转____圈，各缸喷油器轮流喷油____次。 9）电控汽油发动机的燃油供给系统按照有无回油管路可分为_____燃油供给系统和_____燃油供给系统。 10）燃油系统泄压可以使用按压燃油分配管测试端口的阀门，也可采用拔掉燃油泵_____或_____的方法。 11）缸内喷射又称为汽油直接喷射，是将燃油通过喷油器直接喷入气缸，属于_____喷射。				

（续）

| 资讯 | 12）进气管喷射也叫缸外喷射，将燃油喷射后与空气混合形成可燃混合气后再进入气缸，属于_____喷射。
13）压力型燃油喷射系统通过检测_____和发动机转速，推算出吸入的_____，再配比燃油量。
14）质量流量型燃油喷射系统利用空气流量传感器直接测量发动机的_____。
15）电控汽油喷射控制功能主要包括_____控制、_____正时控制以及断油控制。
16）喷油量控制的依据是发动机的目标_____。
17）喷油量控制的实质是喷油器打开的_____控制，即喷油_____控制。喷油量的控制大致可分为_____控制、_____控制、加减速控制、_____控制和空燃比反馈控制。
18）燃油压力调节器主要的功能是调节喷油器_____，以满足发动机不同工况的要求。
19）燃油分配管的容积相对于发动机的喷油量要大得多，能起到_____，防止燃油_____的作用。
20）进气管喷射的燃油压力为_____，缸内直喷的燃油压力为_____。
21）写出下图中各部件的名称。

1._____ 2._____ 3._____ 4._____
5._____ 6._____ 7._____ 8._____
9._____ 10._____ 11._____ 12._____
13._____ 14._____ 15._____ 16._____
17._____ |

(续)

资讯	22）写出下图中各部件的名称。 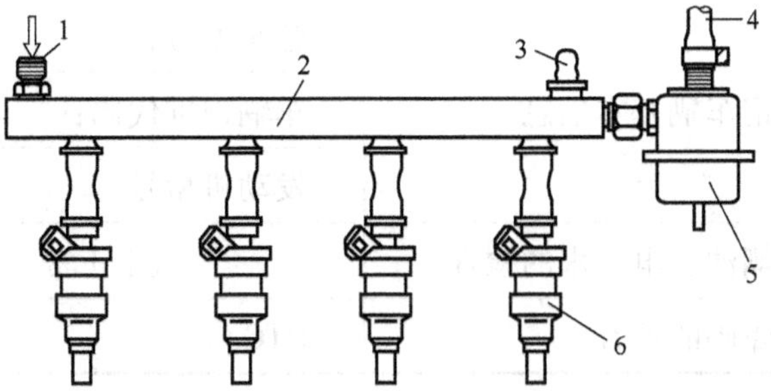 1. _____ 2. _____ 3. _____ 4. _____ 5. _____ 6. _____						
计划与决策	实施计划	检测与诊断步骤					仪器与工具、量具
		1.					
		2.					
		3.					
		4.					
		5.					
		6.					
		7.					
		8.					
		9.					
		10.					
	任务分工	职责	组长/记录	主操作	辅操作	仪器管理	安全6S	质检
		姓名						
	注意事项							

（续）

一、车辆基本检查

1. 实训车辆安全防护		
2. 登记车辆基本信息	整车型号：	
	车辆识别代码：	
	发动机型号：	
3. 车辆油、电、水的检查	☐ 正常	☐ 不正常
4. 故障码的检查	DTC：	

二、汽油发动机燃油压力检测

1. 断开蓄电池负极	☐ 正常	☐ 不正常
2. 释放燃油箱蒸气压力	☐ 正常	☐ 不正常
3. 燃油系统泄压	☐ 正常	☐ 不正常
4. 连接燃油压力表	☐ 正常	☐ 不正常
5. 连接蓄电池负极	☐ 正常	☐ 不正常

6. 起动车辆进行燃油压力的检测　　检测条件

使用设备	检测位置	标准描述	检测结果	是否正常

7. 熄火后燃油压力下降值的检测　　检测条件

使用设备	检测位置	标准描述	检测结果	是否正常

8. 断开蓄电池负极	☐ 正常	☐ 不正常
9. 燃油系统泄压	☐ 正常	☐ 不正常
10. 拆卸燃油压力表	☐ 正常	☐ 不正常

三、燃油压力的分析

1. 燃油压力过高	现象：
	原因：
2. 燃油压力过低	现象：
	原因：

实施

（续）

	四、诊断结论					
实施	元件损坏	名称：	维修建议：□更换 □维修 □调整			
	线路故障	线路区间：	维修建议：□更换 □维修 □调整			
	其他					
	检查监督	□6S管理　□分工合理　□过程完整　□操作规范 □数据正确　□现场恢复　□其他异常情况：_____				
过程考核	过程考核评价		组长考核个人			
			A	B	C	
	教师考核小组	A	90~100分	80~89分	70~79分	
		B	80~89分	70~79分	60~69分	
		C	70~79分	60~69分	不合格	
	个人最终成绩					
检查与评估	参考考核标准	项目	评分标准		分值	得分
		工作任务	明确工作任务，理解任务的重要性		6	
		前期准备	掌握任务实施的基本知识以及重难点		6	
		工作计划	按照任务要求，制订工作计划		5	
			小组每人任务分工		5	
			准备相关设备和工具		5	
		任务实施	车辆安全防护、基本信息登记		5	
			车辆油、水、电的基本检查		5	
			检查点火开关、断开蓄电池负极		5	
			释放燃油箱蒸气压力		5	
			连接燃油压力表		6	
			起动发动机读取燃油压力值		5	
			燃油系统泄压		5	
			释放燃油表内的燃油		5	

（续）

		项目	评分标准	分值	得分
检查与评估	参考考核标准	6S管理	清理场地，整理设备工具	10	
		实施过程	操作过程的规范标准	10	
		自我评价	对自身情况进行客观评价	6	
			任务实施过程中对自身问题进行评价	6	
		得分（满分100分）			
	实训小结				

任务 2.2 电动燃油泵及控制电路检修

姓名		学生组号		班级	
实训场地		课时		日期	
任务导入	一辆装备 LDE 发动机的科鲁兹轿车无法起动，入厂进行维修。技术经理首先使用汽车诊断仪读取发动机电控系统的故障码为 DTC P0628（燃油泵继电器控制电路电压过低），要求对该车燃油泵及控制电路进行检修				
任务目标	掌握相关理论知识，制订工作计划，完成电动燃油泵及控制电路检修工作任务，排除相关故障				
实训设备	科鲁兹轿车或 LDE 发动机电控实训台或相似实训设备				
资讯	1）电动燃油泵是燃油供给系统的_____，其作用是向燃油供给系统提供具有一定_____和_____的汽油。 2）电动燃油泵通常由_____、_____和_____三部分组成。 3）电动燃油泵按照泵体结构可分为_____、_____和_____等。 4）电动燃油泵按照安装位置可分为_____和_____两种。 5）涡轮式电动燃油泵主要由直流电动机、_____、_____和_____等组成。 6）内齿轮式电动燃油泵的泵体部分主要由_____、_____和壳体组成。 7）电动燃油泵控制电路对电动燃油泵控制的基本要求是：打开点火开关后，ECU 控制燃油泵工作_____，以建立必需的_____。 8）目前被广泛使用的电动燃油泵控制电路是_____控制型和_____控制型。 9）继电器控制型燃油泵控制电路由_____、_____及相关线路构成。 10）当发动机起动阶段或高速、大负荷下工作时，发动机 ECU 向油泵 ECU 的"FPC"端输入_____信号，使油泵_____运转；在急速或者小负荷下工作时，发动机 ECU 向油泵 ECU 的"FPC"端输入一个_____信号，使油泵_____运转。 11）燃油泵 ECU 将根据发动机_____、_____，对燃油泵的转速进行调节。				

（续）

资讯

12）使用诊断仪选择燃油泵动作测试时_____发出"咔咔"声，_____应该开始工作，发出"嗡嗡"响声。

13）科鲁兹LDE发动机轿车燃油泵总成线束插接器上有4个端子，其中1端子为燃油泵____，2端子为燃油泵____，3端子为油位传感器_____，4端子为油位_____。

14）科鲁兹LDE发动机轿车燃油泵电动机内阻的标准值为_____Ω。

15）科鲁兹LDE发动机轿车KR23A继电器85和86之间的电阻应为_____Ω。

16）科鲁兹LDE发动机轿车用跨接线分别连接KR23A继电器85和86，测试30与87间电阻应小于_____Ω。

17）科鲁兹LDE发动机轿车燃油泵继电器熔丝的电阻小于_____Ω。

18）当点火开关置于ON时，燃油泵指示灯会先_____再_____。

19）在迈腾车燃油供给回路中，对燃油有两级加压：_____，压力通常在_____；_____，压力通常在_____。

20）燃油泵控制单元是接收_____发来的指令，车辆_____指示该单元工作，并触发_____，开始对燃油预加压。

21）对照下图，写出燃油泵各部件的名称。

1. _____ 2. _____ 3. _____ 4. _____

（续）

资讯	绘制电动燃油泵电路简图					
计划与决策	实施计划	检测与诊断步骤				仪器与工具、量具
		1.				
		2.				
		3.				
		4.				
		5.				
		6.				
		7.				
		8.				
		9.				
		10.				
	任务分工	职责	组长/记录	主操作	辅操作	仪器管理	安全6S	质检
		姓名						
	注意事项						

实施	一、车辆基本检查	
	1. 实训车辆安全防护	
	2. 登记车辆基本信息	整车型号：
		车辆识别代码：
		发动机型号：

（续）

<table>
<tr><td rowspan="20">实施</td><td colspan="2">3. 车辆油、电、水的检查</td><td colspan="3">☐ 正常　　☐ 不正常</td><td></td></tr>
<tr><td colspan="2">4. 故障码的检查</td><td colspan="4">DTC：</td></tr>
<tr><td colspan="2">5. 燃油泵动作测试</td><td colspan="4">☐ 正常　　☐ 不正常</td></tr>
<tr><td colspan="6">二、电动燃油泵检测</td></tr>
<tr><td colspan="2">1. 电动燃油泵外观的检查</td><td colspan="4">☐ 正常　　☐ 不正常</td></tr>
<tr><td colspan="2" rowspan="4"></td><td>元件端子</td><td>ECM 端子</td><td>功能</td><td>导线颜色</td></tr>
<tr><td></td><td></td><td></td><td></td></tr>
<tr><td></td><td></td><td></td><td></td></tr>
<tr><td></td><td></td><td></td><td></td></tr>
<tr><td colspan="2">2. 电动燃油泵内阻的检测</td><td colspan="4">检测条件</td></tr>
<tr><td colspan="2">使用设备</td><td>检测端子</td><td>标准描述</td><td>检测结果</td><td>是否正常</td></tr>
<tr><td colspan="6">三、电动燃油泵继电器控制电路检测</td></tr>
<tr><td colspan="2">1. 电动燃油泵继电器控制电路供电的检测</td><td colspan="4">检测条件</td></tr>
<tr><td colspan="2">使用设备</td><td>检测端子</td><td>标准描述</td><td>检测结果</td><td>是否正常</td></tr>
<tr><td colspan="2">2. 电动燃油泵继电器控制电路的检测</td><td colspan="4">检测条件</td></tr>
<tr><td colspan="2">使用设备</td><td>检测端子</td><td>标准描述</td><td>检测结果</td><td>是否正常</td></tr>
<tr><td colspan="2">3. 电动燃油泵继电器搭铁电路的检测</td><td colspan="4">检测条件</td></tr>
<tr><td colspan="2">使用设备</td><td>检测端子</td><td>标准描述</td><td>检测结果</td><td>是否正常</td></tr>
<tr><td colspan="6">四、电动燃油泵继电器与熔丝检测</td></tr>
<tr><td colspan="2">1. 电动燃油泵继电器线圈电阻的检测</td><td colspan="4">检测条件</td></tr>
<tr><td></td><td>使用设备</td><td>检测端子</td><td>标准描述</td><td>检测结果</td><td>是否正常</td></tr>
</table>

（续）

实施	2. 电动燃油泵继电器触点闭合的检测		检测条件		
	使用设备	检测端子	标准描述	检测结果	是否正常
	3. 电动燃油泵继电器熔丝的检测		检测条件		
	使用设备	检测端子	标准描述	检测结果	是否正常

五、诊断结论

元件损坏	名称：	维修建议：□更换 □维修 □调整
线路故障	线路区间：	维修建议：□更换 □维修 □调整
其他		

	检查监督	□6S管理　　□分工合理　　□过程完整　　□操作规范 □数据正确　　□现场恢复　　□其他异常情况：_____			
检查与评估	过程考核	过程考核评价	组长考核个人		
			A	B	C
		教师考核小组 A	90~100分	80~89分	70~79分
		教师考核小组 B	80~89分	70~79分	60~69分
		教师考核小组 C	70~79分	60~69分	不合格
		个人最终成绩			

	项目	评分标准	分值	得分
参考考核标准	工作任务	明确工作任务，理解任务的重要性	6	
	前期准备	掌握任务实施的基本知识以及重难点	6	
	工作计划	按照任务要求，制订工作计划	6	
		小组每人任务分工	5	
		准备相关设备和工具	5	
	任务实施	车辆安全防护、基本信息登记	5	
		车辆油、水、电的基本检查	5	
		电动燃油泵外观的检查	4	
		电动燃油泵内阻的检测	5	

（续）

		项目	评分标准	分值	得分
检查与评估	参考考核标准	任务实施	电动燃油泵继电器控制电路的检测	7	
			电动燃油泵线束的检测	5	
			电动燃油泵继电器熔丝的检测	5	
			电动燃油泵动作测试	4	
		6S管理	清理场地，整理设备工具	10	
		实施过程	操作过程的规范标准	10	
		自我评价	对自身情况进行客观评价	6	
			任务实施过程中对自身问题进行评价	6	
		得分（满分100分）			
	实训小结				

任务 2.3 喷油器及控制电路检修

姓名		学生组号		班级	
实训场地		课时		日期	
任务导入	一辆装备 LDE 发动机的科鲁兹轿车发动机抖动，加速无力，发动机故障灯点亮，入厂进行维修。技术经理首先使用汽车诊断仪读取发动机电控系统的故障码为 DTC P0201（1 喷油器控制电路），经过初步判断，要求对该车喷油器及控制电路进行检修，排除相关故障					
任务目标	掌握相关理论知识，制订工作计划，完成喷油器及控制电路检修的工作任务				
实训设备	科鲁兹轿车或 LDE 发动机电控实训台或相似实训设备				
资讯	1）缸外喷射的电控汽油机，喷油器通常安装在_____或_____附近的缸盖上。 2）电磁喷油器主要有_____和_____两种类型。 3）高阻型喷油器电磁线圈的电阻为_____Ω，低阻型喷油器电磁线圈的电阻为_____Ω。 4）喷油器的驱动方式分为_____驱动与_____驱动两种方式。 5）喷油器的控制电路都是通过_____和_____或_____给喷油器供电。 6）发动机运转时用手接触喷油器，应该有_____的感觉。 7）科鲁兹 LDE 发动机喷油器端子 A 与端子 B 之间的电阻，即为喷油器内阻，标准值为_____Ω。 8）科鲁兹 LDE 发动机怠速运转正常后，怠速时喷油时间应为_____。 9）改变节气门开度，喷油时间随发动机转速变化而_____。 10）缸外喷射的电控汽油机，喷油器的功能是根据发动机 ECU 发出的喷油_____，将计量精确的燃油_____、_____的喷入节气门附近的进气歧管内。 11）孔式喷油器按照喷孔的多少有_____和_____之分。 12）喷油器喷油量的多少取决于喷油器线圈导通的_____，喷油时刻取决于 ECU 控制喷油器线圈_____的时刻。 13）喷油器实际上是一个_____阀。 14）不同喷油器针阀中的轴针和阀体_____互换性，_____相互替换。 15）球阀孔式喷油器的球阀有自动_____作用，具有较高的_____性能。 16）电流驱动方式只适用于_____喷油器，电压驱动方式_____和_____喷油器均可使用。				

（续）

资讯	17）电压驱动方式一般应用在＿＿＿喷射系统中，电流驱动方式一般应用在＿＿＿＿＿＿喷射系统中。 18）通过ECU控制喷油器与搭铁＿＿＿＿＿＿，即控制了喷油时刻与喷油量。 19）全新2018款迈腾B8L装配了2.0T第三代EA888发动机，发动机供油方式为＿＿＿＿＿，即将燃油喷射系统有＿＿＿＿＿和＿＿＿＿＿组合而成的＿＿＿＿＿。 20）混合喷射有缸外、缸内两个喷油器，＿＿＿＿工况时，歧管喷油器在进气行程时喷油，再配合＿＿＿＿＿时气缸内喷油器喷油，从而实现分层燃烧。＿＿＿＿＿＿工况时，只在＿＿＿＿＿＿进行缸内直喷。 21）对照下图，写出喷油器的结构名称。 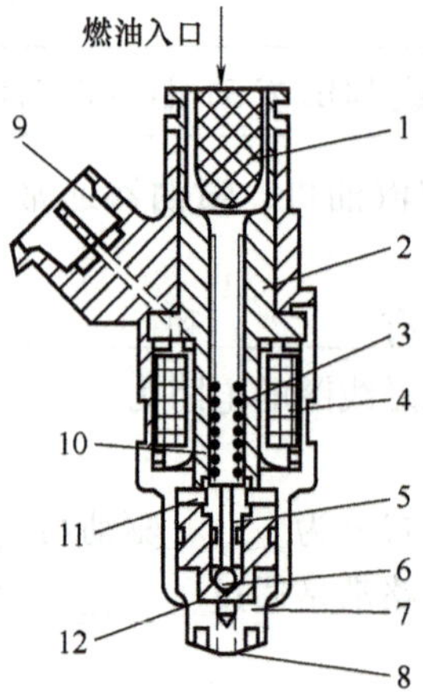 燃油入口 1.＿＿＿＿＿ 2.＿＿＿＿＿ 3.＿＿＿＿＿ 4.＿＿＿＿＿ 5.＿＿＿＿＿ 6.＿＿＿＿＿ 7.＿＿＿＿＿ 8.＿＿＿＿＿ 9.＿＿＿＿＿ 10.＿＿＿＿＿ 11.＿＿＿＿＿ 12.＿＿＿＿＿
	绘制喷油器电路简图

（续）

		检测与诊断步骤	仪器与工具、量具
计划与决策	实施计划	1.	
		2.	
		3.	
		4.	
		5.	
		6.	
		7.	
		8.	
	任务分工	职责	组长/记录	主操作	辅操作	仪器管理	安全6S	质检
		姓名						
	注意事项		

	一、车辆基本检查		
实施	1. 实训车辆安全防护		
	2. 登记车辆基本信息	整车型号：	
		车辆识别代码：	
		发动机型号：	
	3. 车辆油、电、水的检查	□ 正常	□ 不正常
	4. 故障码的检查	DTC：	
	5. 动作测试		

(续)

实施

二、喷油器内阻检测

1. 喷油器外观的检查		☐ 正常		☐ 不正常	
	元件端子	ECM 端子	功能		导线颜色
2. 喷油器内阻的检测		检测条件			
使用设备	检测端子	标准描述	检测结果		是否正常

三、喷油器控制电路的检测

1. 喷油器供电线路的检测		检测条件		
使用设备	检测端子	标准描述	检测结果	是否正常
2. 喷油器控制电路的检测		检测条件		
使用设备	检测端子	标准描述	检测结果	是否正常
3. 喷油器脉宽信号的检测（试灯）		检测条件		
使用设备	检测端子	标准描述	检测结果	是否正常
4. 喷油器控制信号波形的检测		检测条件		
使用设备	检测端子	正表笔连接	负表笔连接	是否正常

（续）

实施	标准波形				检测波形			

四、诊断结论

元件损坏	名称：	维修建议：□更换 □维修 □调整	
线路故障	线路区间：	维修建议：□更换 □维修 □调整	
其他			

检查与评估	检查监督	□6S管理　　□分工合理　　□过程完整　　□操作规范 □数据正确　　□现场恢复　　□其他异常情况：_____			
	过程考核	过程考核评价	组长考核个人		
			A	B	C
		教师考核小组　A	90~100分	80~89分	70~79分
		教师考核小组　B	80~89分	70~79分	60~69分
		教师考核小组　C	70~79分	60~69分	不合格
		个人最终成绩			
	参考考核标准	项目	评分标准	分值	得分
		工作任务	明确工作任务，理解任务的重要性	6	
		前期准备	掌握任务实施的基本知识以及重难点	6	
		工作计划	按照任务要求，制订工作计划	6	
			小组每人任务分工	6	
			准备相关设备和工具	6	

（续）

	项目		评分标准	分值	得分
检查与评估	参考考核标准	任务实施	车辆安全防护、基本信息登记	6	
			车辆油、水、电的基本检查	6	
			喷油器外观的检查	4	
			喷油器内阻的检测	5	
			喷油器线束的检测	5	
			动作的测试	5	
			喷油器控制信号波形的检测	7	
		6S管理	清理场地，整理设备工具	10	
		实施过程	操作过程的规范标准	10	
		自我评价	对自身情况进行客观评价	6	
			任务实施过程中对自身问题进行评价	6	
	得分（满分100分）				
	实训小结				

任务 2.4 缸内直喷高压燃油控制系统检修

姓名		学生组号		班级	
实训场地		课时		日期	
任务导入	一辆装备 L3G 缸内直喷发动机的 2018 科鲁兹轿车起动困难,加速无力,最高转速仅达到 3000r/min,发动机故障灯点亮,入厂进行维修。技术经理首先使用汽车诊断仪读取发动机电控系统的故障码为 DTC P0191(燃油导轨压力传感器性能),经过初步判断,要求对该车缸内直喷燃油供给电控系统进行检修,排除相关故障				
任务目标	掌握相关理论知识,制订工作计划,完成高压燃油压力调节阀、高压燃油压力传感器、高压喷油器及控制电路的检修任务				
实训设备	科鲁兹轿车或 L3G 发动机电控实训台或相似实训设备				
资讯	1)三菱缸内直喷技术英文的简称是_____。 2)汽油机缸内直喷技术是将汽油供给压力升高至_____,通过喷油器直接将燃油喷入_____内与进气混合的技术。 3)缸内直喷汽油发动机燃油供给系统由_____和_____两部分构成。 4)在拆卸处于高燃油压力下的部件之前,务必对燃油系统进行_____。 5)科鲁兹 L3G 发动机高压燃油泵处的线束插接器上端子 1 为_____控制信号,端子 2 为_____控制信号。 6)科鲁兹 L3G 发动机高压燃油压力传感器插接器上有三个端子,其中端子 1 为_____,端子 2 为_____,端子 3 为_____。 7)科鲁兹 L3G 发动机高压燃油压力传感器插接器上端子 1 与搭铁之间的电阻值应小于_____Ω。 8)科鲁兹 L3G 发动机高压喷油器线束插接器上有两个端子,端子 1 为_____,端子 2 为_____。 9)科鲁兹 L3G 发动机高压喷油器内阻的标准值为_____Ω。 10)大众 FSI 是利用一个高压泵,将燃油加压至_____,通过一个分流轨道(共轨)_____喷射到气缸内部。 11)通用 SIDI 采用_____点燃直接喷射技术。				

（续）

资讯

12）在低压燃油系统中，燃油箱内燃油通过电动汽油泵以_____左右的压力泵至_____。

13）在高压燃油系统中，高压油泵对燃油再次加压至_____，送入燃油分配管，分配管再将燃油分配给四个高压_____。

14）高压燃油供给系统通常由_____、_____、燃油压力调节器、_____、高压燃油分配管及高压管路组成。

15）缸内直喷汽油机高压油泵的功能是根据发动机的工况，将_____提供的燃油压力升高至_____内。

16）高压燃油压力传感器里安装有钢膜，由于受到压力，钢膜上的_____电阻值改变，压力升高时电阻值减小。

17）高压燃油分配管也称为_____，功能是将一定的燃油压力分配到高压喷油阀，并且提供足够大的容积来补偿_____。

18）使用诊断仪如果仍有燃油压力，应_____泄压操作。

19）高压喷油器的功能是将精确计量燃油直接喷入燃烧室中的一定区域中_____，以便形成所需要的均匀_____。

20）_____是高压燃油系统拆卸、维修的基本操作。

21）迈腾B8L轿车燃油供给系统由_____和_____两部分组成。

22）高压燃油系统由_____、_____和_____等组成。

23）高压燃油压力通过安装在燃油泵上的_____调节，根据发动机的工况调节范围为_____MPa。

24）写出下图中各部件的名称。

1._____ 2._____ 3._____ 4._____

（续）

资讯	
1._____ 2._____ 3._____ 4._____ 5._____ 6._____ 1._____ 2._____ 3._____ 4._____ 5._____ 6._____ 7._____ 8._____	
绘制高压燃油压力调节阀控制电路简图	绘制高压燃油压力传感器控制电路简图

（续）

资讯	绘制高压喷油器控制电路简图	
^		

计划与决策	实施计划	检测与诊断步骤		仪器与工具、量具
^	^	1.		
^	^	2.		
^	^	3.		
^	^	4.		
^	^	5.		
^	^	6.		
^	^	7.		
^	^	8.		
^	^	9.		
^	^	10.		
^	^	11.		
^	^	12.		
^	^	13.		
^	^	14.		
^	^	15.		
^	任务分工	职责	组长/记录	主操作	辅操作	仪器管理	安全6S	质检
^	^	姓名						
^	注意事项							

(续)

实施	一、车辆基本检查				
	1. 实训车辆安全防护				
	2. 登记车辆基本信息	整车型号：			
		车辆识别代码：			
		发动机型号：			
	3. 车辆油、电、水的检查	□ 正常　　□ 不正常			
	4. 故障码的检查	DTC：			
	二、高压燃油压力调节阀及电路检测				
	1. 高压燃油压力调节阀外观的检查	□ 正常　　□ 不正常			
		元件端子	ECM 端子	功能	导线颜色
	2. 高压燃油压力调节阀内阻的检测	检测条件			
	使用设备	检测端子	标准描述	检测结果	是否正常
	3. 高压燃油压力调节阀内部无短路检测	检测条件			
	使用设备	检测端子	标准描述	检测结果	是否正常
	4. 高压燃油压力调节阀供电的检测	检测条件			
	使用设备	检测端子	标准描述	检测结果	是否正常

（续）

实施

5. 高压燃油压力调节阀控制电路的检测		检测条件			
使用设备		检测端子	标准描述	检测结果	是否正常

6. 高压燃油压力调节阀控制信号波形的检测		检测条件			
使用设备		检测端子	正表笔连接	负表笔连接	是否正常
标准波形			检测波形		

三、高压燃油压力传感器电路检修

1. 高压燃油压力传感器外观的检查	□ 正常　□ 不正常			
	元件端子	ECM 端子	功能	导线颜色

2. 高压燃油压力传感器搭铁电路的检测		检测条件			
使用设备		检测端子	标准描述	检测结果	是否正常

（续）

	3. 高压燃油压力传感器参考电压的检测	检测条件			
	使用设备	检测端子	标准描述	检测结果	是否正常
	4. 高压燃油压力传感器信号电压的检测	检测条件			
	使用设备	检测端子	标准描述	检测结果	是否正常

四、高压喷油器电路检测

实施

1. 高压喷油器外观的检查		□ 正常		□ 不正常	
	元件端子	ECM 端子	功能		导线颜色
2. 高压喷油器内阻的检测		检测条件			
使用设备		检测端子	标准描述	检测结果	是否正常
3. 高压喷油器端子控制电路的检测		检测条件			
使用设备		检测端子	标准描述	检测结果	是否正常
4. 高压喷油器控制信号的检测		检测条件			
使用设备		检测端子	标准描述	检测结果	是否正常

五、诊断结论

元件损坏	名称：	维修建议：□ 更换　□ 维修　□ 调整
线路故障	线路区间：	维修建议：□ 更换　□ 维修　□ 调整
其他		

（续）

检查与评估	检查监督	☐ 6S管理　　☐ 分工合理　　☐ 过程完整　　☐ 操作规范 ☐ 数据正确　　☐ 现场恢复　　☐ 其他异常情况：＿＿＿＿				
	过程考核	过程考核评价		组长考核个人		
				A	B	C
		教师考核小组	A	90~100分	80~89分	70~79分
			B	80~89分	70~79分	60~69分
			C	70~79分	60~69分	不合格
		个人最终成绩				
	参考考核标准	项目	评分标准		分值	得分
		工作任务	明确工作任务，理解任务的重要性		6	
		前期准备	掌握任务实施的基本知识以及重难点		6	
		工作计划	按照任务要求，制订工作计划		5	
			小组每人任务分工		5	
			准备相关设备和工具		5	
		任务实施	车辆安全防护、基本信息登记		5	
			车辆油、水、电基本的检查		5	
			高压燃油压力调节阀外观的检查		3	
			高压燃油压力调节阀内阻的检测		3	
			高压燃油压力调节阀线束的检测		4	
			高压燃油压力调节阀控制信号波形的检测		4	
			高压燃油压力传感器外观的检查		3	
			高压燃油压力传感器线束的检测		4	
			高压喷油器外观的检查		3	
			高压喷油器内阻的检测		3	
			高压喷油器线束的检测		4	
		6S管理	清理场地，整理设备工具		10	
		实施过程	操作过程的规范标准		10	
		自我评价	对自身情况进行客观评价		6	
			任务实施过程中对自身问题进行评价		6	
		得分（满分100分）				

（续）

检查与评估	实训小结	

项目 3　空气供给系统检修

任务 3.1　空气流量传感器及控制电路检修

姓名		学生组号		班级	
实训场地		课时		日期	
任务导入	一辆装备 1ZR-FE 发动机的丰田卡罗拉轿车，加速无力，发动机故障灯异常点亮，入厂进行维修。技术经理首先使用汽车诊断仪读取发动机电控系统的故障码为 P0103（空气流量电路输入高），经过初步判断，要求对该车空气流量传感器及控制电路进行检修，排除相关故障				
任务目标	掌握相关理论知识，制订工作计划，完成空气流量传感器及控制电路检修的工作任务				
实训设备	丰田卡罗拉轿车或 1ZR-FE 发动机电控实训台或相似实训设备				
资讯	1）空气供给系统的作用是根据发动机的不同工况，提供_____。空气流量传感器的英文简称是_____。 2）空气流量传感器通常安装在空气滤清器之后、节气门之前的_____上。 3）空气流量传感器的功用是检测发动机_____大小，并将其信息转换成_____输入 ECU。 4）空气流量传感器按检测空气流量的参数不同，可以分为_____和_____。 5）空气流量传感器按结构的不同，可以分为_____、_____和_____。 6）热线式空气流量传感器由_____、_____、精密电阻、集成电路控制板、防护网、取样管和电插接器等组成。 7）热线式空气流量传感器内部桥式电路由_____热丝电阻、_____温度补偿电阻、_____精密电阻、_____电桥电阻共同构成惠斯顿电桥的四个臂。 8）1ZR-FE 发动机空气流量传感器输出信号电压范围在_____V，且随进气量的增大而_____。 9）1ZR-FE 发动机空气流量传感器的数据流在发动机怠速时为_____g/s，在发动机转速为 2500r/min（无负荷）时可达到_____g/s。				

（续）

10）2018 款科鲁兹 L3G 发动机的_____传感器、_____传感器、____传感器、_____传感器统一集成在多功能进气传感器 B75C 中。

11）大气压力传感器用于检测不同海拔的大气压力，调整发动机工况，以适应不同的_____。

12）写出下图中各部件的名称。

1. _____ 2. _____ 3. _____ 4. _____
5. _____ 6. _____ 7. _____ 8. _____

1. _____ 2. _____ 3. _____
4. _____ 5. _____ 6. _____

绘制空气流量传感器电路简图

（续）

		检测与诊断步骤				仪器与工具、量具	
计划与决策	实施计划	1.					
		2.					
		3.					
		4.					
		5.					
		6.					
		7.					
		8.					
		9.					
		10.					
	任务分工	职责	组长/记录	主操作	辅操作	仪器管理	安全6S	质检
		姓名						
	注意事项						

一、车辆基本检查

实施	1. 实训车辆安全防护	
	2. 登记车辆基本信息	整车型号：
		车辆识别代码：
		发动机型号：
	3. 车辆油、电、水的检查	□ 正常 □ 不正常
	4. 故障码的检查	DTC：

（续）

实施	二、空气流量传感器及控制电路检测					
	1. 空气流量传感器外观的检查		□ 正常		□ 不正常	
		元件端子	ECM 端子	功能		导线颜色
	2. 空气流量传感器供电的检测		检测条件			
	使用设备	检测端子		标准描述	检测结果	是否正常
	3. 空气流量传感器搭铁线路的检测		检测条件			
	使用设备	检测端子		标准描述	检测结果	是否正常
	4. 空气流量传感器信号电压的检测		检测条件			
	使用设备	检测端子		标准描述	检测结果	是否正常
	5. 空气流量传感器线束的检测		检测条件			
	使用设备	检测端子		标准描述	检测结果	是否正常

(续)

实施

6. 空气流量传感器数据流的检测

使用设备	检测条件		
	工况	检测结果	是否正常
	急速		
	2500r/min（无负荷）		

7. 空气流量传感器控制信号波形的检测

使用设备	检测条件			
	检测端子	正表笔连接	负表笔连接	是否正常

标准波形	检测波形

三、诊断结论

元件损坏	名称：	维修建议：☐更换 ☐维修 ☐调整
线路故障	线路区间：	维修建议：☐更换 ☐维修 ☐调整
其他		

检查与评估

检查监督
☐6S管理　☐分工合理　☐过程完整　☐操作规范
☐数据正确　☐现场恢复　☐其他异常情况：_____

过程考核

过程考核评价		组长考核个人		
		A	B	C
教师考核小组	A	90~100分	80~89分	70~79分
	B	80~89分	70~79分	60~69分
	C	70~79分	60~69分	不合格
个人最终成绩				

(续)

		项目	评分标准	分值	得分
检查与评估	参考考核标准	工作任务	明确工作任务,理解任务的重要性	6	
		前期准备	掌握任务实施的基本知识以及重难点	6	
		工作计划	按照任务要求,制订工作计划	6	
			小组每人任务分工	5	
			准备相关设备和工具	6	
		任务实施	车辆安全防护、基本信息登记	5	
			车辆油、水、电的基本检查	6	
			空气流量传感器外观的检查	5	
			空气流量传感器线束的检测	6	
			空气流量传感器数据流的检测	8	
			空气流量传感器控制信号波形的检测	9	
		6S 管理	清理场地,整理设备工具	10	
		实施过程	操作过程的规范标准	10	
		自我评价	对自身情况进行客观评价	6	
			任务实施过程中对自身问题进行评价	6	
		得分(满分 100 分)			
	实训小结				

任务 3.2　进气歧管绝对压力传感器及控制电路检修

姓名		学生组号		班级	
实训场地		课时		日期	
任务导入	\multicolumn{5}{l	}{　　一辆装备 LDE 发动机的科鲁兹轿车发动机抖动，发动机故障灯异常点亮，入厂进行维修。技术经理首先使用汽车诊断仪读取发动机电控系统的故障码为 P0108（进气歧管绝对压力传感器电路电压高），经过初步判断，要求对该车进气歧管绝对压力传感器及控制电路进行检修}
任务目标	\multicolumn{5}{l	}{　　掌握相关理论知识，制订工作计划，完成进气歧管绝对压力传感器及控制电路检测的工作任务，排除相关故障}
实训设备	\multicolumn{5}{l	}{雪佛兰科鲁兹轿车或 LDE 发动机电控实训台或相似实训设备}
资讯	\multicolumn{5}{l	}{1）进气歧管绝对压力传感器的英文简称是_____。 2）进气歧管绝对压力传感器用于 D 型燃油喷射系统中，安装在节气门后面的_____上。 3）进气歧管绝对压力传感器主要的功用是依据发动机的负荷状态测出进气歧管内_____的变化，并转换成电压信号与转速信号一起输送到 ECU，ECU 换算出吸入发动机的_____。 4）进气歧管绝对压力传感器通常可以分为_____、_____和_____三种类型。 5）压敏电阻式进气歧管绝对压力传感器利用_____，即单晶硅材料在受到应力作用后，其_____发生明显变化的现象。 6）压敏电阻式进气歧管绝对压力传感器利用_____电桥或_____电桥将硅膜片的变形转化成电信号。 7）压敏电阻式进气歧管绝对压力传感器信号电压具有随进气歧管绝对压力的增大呈线性_____的特性。 8）压敏电阻式进气歧管绝对压力传感器信号电压具有从怠速工况下节气门全闭时的_____V 变化至节气门全开时的_____V。 9）当 LDE 发动机未运转时，进气歧管绝对压力等于大气压力 100kPa，输出电压为_____V，发动机怠速运转，进气歧管绝对压力约为 30kPa，输出信号电压为_____V。 10）LDE 发动机进气歧管绝对压力传感器有三根导线与 ECM 相连接，其中第一根为____，第二根为_____，第三根为_____。}

(续)

资讯	
	11）迈腾 B8L 发动机进气歧管绝对压力传感器 GX9 端子 1 为_____，端子 2 为_____，端子 3 为_____信号，端子 4 为_____信号。 12）将 LDE 发动机点火开关置于 ON 位置，接入汽车诊断仪，读取进气压力动态数据流为大气压力_____kPa，起动发动机怠速时进气压力值为_____kPa。 13）迈腾 B8L 发动机的进气歧管绝对压力传感器 GX9 安装在_____上，集成了_____与_____。 14）对照下图，写出进气歧管绝对压力传感器内部各部件的名称。 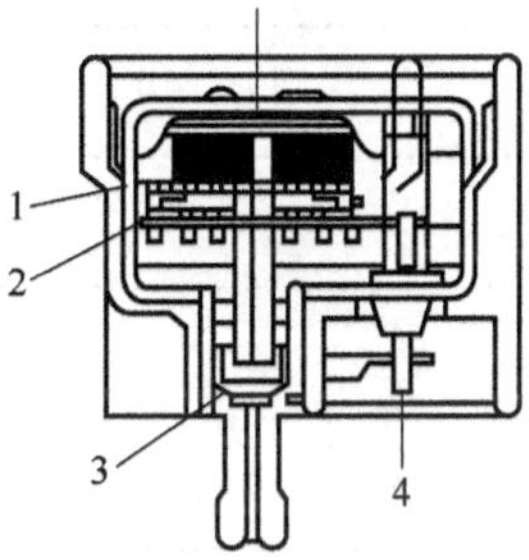 1._____ 2._____ 3._____ 4._____
	绘制进气歧管绝对压力传感器的电路简图

（续）

<table>
<tr><td rowspan="12">计划
与决策</td><td rowspan="10">实施
计划</td><td colspan="2">检测与诊断步骤</td><td>仪器与工具、量具</td></tr>
<tr><td colspan="2">1.</td><td></td></tr>
<tr><td colspan="2">2.</td><td></td></tr>
<tr><td colspan="2">3.</td><td></td></tr>
<tr><td colspan="2">4.</td><td></td></tr>
<tr><td colspan="2">5.</td><td></td></tr>
<tr><td colspan="2">6.</td><td></td></tr>
<tr><td colspan="2">7.</td><td></td></tr>
<tr><td colspan="2">8.</td><td></td></tr>
<tr><td colspan="2">9.</td><td></td></tr>
<tr><td rowspan="2">任务
分工</td><td>职责</td><td>组长/记录　　主操作　　辅操作　　仪器管理　　安全6S　　质检</td></tr>
<tr><td>姓名</td><td></td></tr>
<tr><td colspan="2">注意
事项</td><td colspan="2"></td></tr>
<tr><td rowspan="5">实施</td><td colspan="4">一、车辆基本检查</td></tr>
<tr><td colspan="2">1. 实训车辆安全防护</td><td colspan="2"></td></tr>
<tr><td colspan="2" rowspan="3">2. 登记车辆基本信息</td><td colspan="2">整车型号：</td></tr>
<tr><td colspan="2">车辆识别代码：</td></tr>
<tr><td colspan="2">发动机型号：</td></tr>
<tr><td></td><td colspan="2">3. 车辆油、电、水的检查</td><td>□ 正常　　□ 不正常</td></tr>
<tr><td></td><td colspan="2">4. 故障码的检查</td><td>DTC：</td></tr>
</table>

(续)

实施	**二、进气歧管绝对压力传感器及电路检测**					
	1. 进气歧管绝对压力传感器外观的检查		☐ 正常		☐ 不正常	
		元件端子	ECM 端子	功能		导线颜色
	2. 进气歧管绝对压力传感器搭铁线路的检测	检测条件				
	使用设备	检测端子	标准描述	检测结果		是否正常
	3. 进气歧管绝对压力传感器供电线路的检测	检测条件				
	使用设备	检测端子	标准描述	检测结果		是否正常
	4. 进气歧管绝对压力传感器信号电压的检测（不起动）	检测条件				
	使用设备	检测端子	标准描述	检测结果		是否正常
	5. 进气歧管绝对压力传感器信号电压的检测（起动：急速和节气门全开时）	检测条件				
	使用设备	检测端子	标准描述	检测结果		是否正常

(续)

	6. 进气歧管绝对压力传感器数据流的检测		检测条件		
	使用设备	工况		检测结果	是否正常
		未起动			
		怠速			
		中高速			
实施	7. 进气歧管绝对压力传感器控制信号波形的检测		检测条件		
	使用设备	检测端子	正表笔连接	负表笔连接	是否正常
	标准波形		检测波形		

三、诊断结论

元件损坏	名称：	维修建议：☐更换 ☐维修 ☐调整
线路故障	线路区间：	维修建议：☐更换 ☐维修 ☐调整
其他		

(续)

	检查监督	☐ 6S 管理　　☐ 分工合理　　☐ 过程完整　　☐ 操作规范 ☐ 数据正确　　☐ 现场恢复　　☐ 其他异常情况：_____					
检查与评估	过程考核	过程考核评价		组长考核个人			
				A	B	C	
		教师考核小组	A	90~100 分	80~89 分	70~79 分	
			B	80~89 分	70~79 分	60~69 分	
			C	70~79 分	60~69 分	不合格	
		个人最终成绩					
	参考考核标准	项目	评分标准			分值	得分
		工作任务	明确工作任务，理解任务的重要性			6	
		前期准备	掌握任务实施的基本知识以及重难点			6	
		工作计划	按照任务要求，制订工作计划			6	
			小组每人任务分工			5	
			准备相关设备和工具			6	
		任务实施	车辆安全防护、基本信息登记			5	
			车辆油、水、电的基本检查			6	
			进气歧管绝对压力传感器外观的检查			5	
			进气歧管绝对压力传感器线束的检测			5	
			进气歧管绝对压力传感器数据流的检测			9	
			进气歧管绝对压力传感器控制信号波形的检测			9	
		6S 管理	清理场地，整理设备工具			10	
		实施过程	操作过程的规范标准			10	
		自我评价	对自身情况进行客观评价			6	
			任务实施过程中对自身问题进行评价			6	
		得分（满分 100 分）					

(续)

检查与评估	实训小结	

任务 3.3　进气温度传感器和冷却液温度传感器及控制电路检修

姓名		学生组号		班级	
实训场地		课时		日期	
任务导入	一辆装备 LDE 发动机的科鲁兹轿车冬天不易着车，发动机故障灯异常点亮，入厂进行维修。技术经理首先使用汽车诊断仪读取发动机电控系统的故障码为 P0112 [进气温度（IAT）传感器电路电压过低]、P0117 [发动机冷却液温度（ECT）传感器电路电压过低]，经过初步判断，要求对该车进气温度传感器和冷却液温度传感器及控制电路进行检查，排除该故障				
任务目标	掌握相关理论知识，制订工作计划，完成进气温度传感器、冷却液温度传感器及控制电路检测的工作任务，排除相关故障				
实训设备	科鲁兹轿车或 LDE 发动机电控实训台或相似实训设备				
资讯	1）进气温度传感器的英文简称是＿＿＿＿＿＿，功用是检测＿＿＿＿＿＿，并将温度信号变换为＿＿＿＿＿＿传送给 ECU，ECU 根据进气温度信号对＿＿＿＿＿＿、＿＿＿＿＿＿进行修正，改善发动机的工作性能。 2）进气温度传感器内部是一个＿＿＿＿＿＿系数的热敏电阻，其电阻值与温度高低成＿＿＿＿＿＿。 3）进气温度传感器温度升高，热敏电阻＿＿＿＿＿＿，信号电压＿＿＿＿＿＿；温度降低，热敏电阻＿＿＿＿＿＿，信号电压＿＿＿＿＿＿。 4）断开温度传感器插接器或信号线对 5V 电压短路，数据流会显示＿＿＿＿＿＿℃；当温度传感器线束短路或信号线对搭铁短路，数据流会显示＿＿＿＿＿＿℃。 5）冷却液温度传感器的英文简称是＿＿＿＿＿＿。 6）冷却液温度传感器一般安装在冷却液＿＿＿＿＿＿上。 7）冷却液温度传感器的功用是检测＿＿＿＿＿＿的温度，并将温度信号变换为＿＿＿＿＿＿传送给 ECU，ECU 根据冷却液温度信号修正＿＿＿＿＿＿和＿＿＿＿＿＿。 8）冷却液温度传感器是采用＿＿＿＿＿＿系数的热敏电阻。 9）LDE 发动机通过汽车诊断仪可读出冷却液温度传感器的数据流，正常情况在＿＿＿＿＿＿℃左右。 10）LDE 发动机当断开冷却液温度传感器插接器或信号线对 5V 电压短路，数据流会显示＿＿＿＿＿＿℃；当线束短路或信号线对搭铁短路，数据流会显示＿＿＿＿＿＿℃。 11）LDE 发动机进气温度传感器用万用表检测进气温度传感器端子 A 与 B 之间的电阻，当环境温度在 20℃ 左右时，传感器电阻值在＿＿＿＿＿＿Ω。				

（续）

12）LDE 发动机用万用表检测冷却液温度传感器端子 A 与 B 之间的电阻，当环境温度在 20℃左右时，传感器电阻值在_____Ω。

13）在汽车上，除了进气温度传感器和冷却液温度传感器外，还有_____温度传感器，以及_____温度传感器、_____温度传感器、_____温度传感器等。

14）机油温度传感器又叫作_____温度传感器。一般安装在_____上，主要用于检测机油_____和_____。

15）结合下图，写出大众 AJR 发动机冷却液温度传感器各端子的作用及图中相关代号的含义。

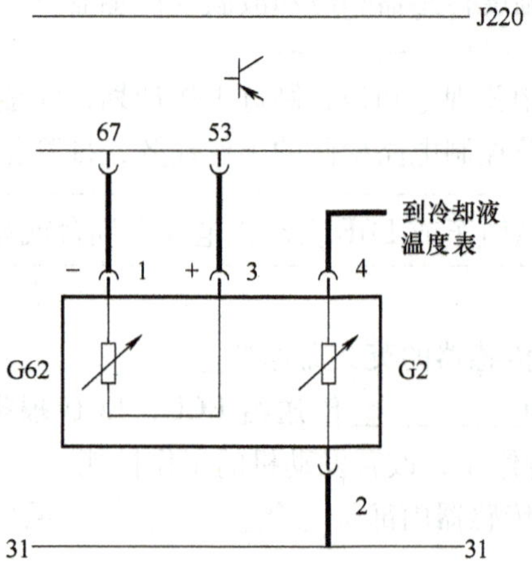

端子的作用：
1._____ 2._____ 3._____ 4._____

图中代号：
J220：_____   31：_____   G62：_____   G2：_____

绘制进气温度传感器的电路简图	绘制冷却液温度传感器的电路简图

（续）

		检测与诊断步骤	仪器与工具、量具
计划与决策	实施计划	1.	
		2.	
		3.	
		4.	
		5.	
		6.	
		7.	
		8.	
		9.	
		10.	
		11.	
	任务分工	职责	组长/记录	主操作	辅操作	仪器管理	安全6S	质检
		姓名						
	注意事项		

	一、车辆基本检查		
实施	1. 实训车辆安全防护		
	2. 登记车辆基本信息	整车型号：	
		车辆识别代码：	
		发动机型号：	
	3. 车辆油、电、水的检查	□ 正常	□ 不正常
	4. 故障码的检查	DTC：	

59

(续)

二、进气温度传感器及电路检测

1. 进气温度传感器外观的检查		☐ 正常	☐ 不正常	
	元件端子	ECM 端子	功能	导线颜色

2. 进气温度传感器内阻的检测		检测条件		
使用设备	检测端子	标准描述	检测结果	是否正常

3. 进气温度传感器搭铁线路的检测		检测条件		
使用设备	检测端子	标准描述	检测结果	是否正常

4. 进气温度传感器供电线路的检测		检测条件		
使用设备	检测端子	标准描述	检测结果	是否正常

5. 进气温度传感器数据流的检测		检测条件		
使用设备	工况		检测结果	是否正常
	正常			
	插头断开			
	线束短接			

实施

（续）

实施	三、冷却液温度传感器及电路检测					
	1. 冷却液温度传感器外观的检查			☐ 正常	☐ 不正常	
			元件端子	ECM 端子	功能	导线颜色
	2. 冷却液温度传感器内阻的检测		检测条件			
	使用设备		检测端子	标准描述	检测结果	是否正常
	3. 冷却液温度传感器搭铁线路的检测		检测条件			
	使用设备		检测端子	标准描述	检测结果	是否正常
	4. 冷却液温度传感器供电线路的检测		检测条件			
	使用设备		检测端子	标准描述	检测结果	是否正常
	5. 冷却液温度传感器数据流的检测		检测条件			
	使用设备		工况		检测结果	是否正常
			正常			
			插头断开			
			线束短接			

四、诊断结论

元件损坏	名称：	维修建议：☐ 更换　☐ 维修　☐ 调整
线路故障	线路区间：	维修建议：☐ 更换　☐ 维修　☐ 调整
其他		

（续）

检查与评估	过程考核	检查监督	□ 6S 管理　□ 分工合理　□ 过程完整　□ 操作规范 □ 数据正确　□ 现场恢复　□ 其他异常情况：_____			
		过程考核评价		组长考核个人		
				A	B	C
		教师考核小组	A	90~100 分	80~89 分	70~79 分
			B	80~89 分	70~79 分	60~69 分
			C	70~79 分	60~69 分	不合格
		个人最终成绩				

		项目	评分标准	分值	得分
检查与评估	参考考核标准	工作任务	明确工作任务，理解任务的重要性	6	
		前期准备	掌握任务实施的基本知识以及重难点	6	
		工作计划	按照任务要求，制订工作计划	6	
			小组每人任务分工	5	
			准备相关设备和工具	6	
		任务实施	车辆安全防护、基本信息登记	5	
			车辆油、水、电的基本检查	6	
			进气温度传感器外观的检查	3	
			进气温度传感器内阻的检测	3	
			进气温度传感器线束的检测	4	
			进气温度传感器数据流的检测	4	
			冷却液温度传感器外观的检查	3	
			冷却液温度传感器内阻的检测	3	
			冷却液温度传感器线束的检测	4	
			冷却液温度传感器数据流的检测	4	
		6S 管理	清理场地，整理设备工具	10	
		实施过程	操作过程的规范标准	10	
		自我评价	对自身情况进行客观评价	6	
			任务实施过程中对自身问题进行评价	6	
		得分（满分 100 分）			

(续)

检查与评估	实训小结	

任务 3.4　怠速控制系统与电子节气门控制系统检修

姓名		学生组号		班级	
实训场地		课时		日期	
任务导入	一辆装备 LDE 发动机的科鲁兹轿车怠速抖动，加速反应迟钝，发动机故障灯异常点亮，入厂进行维修。技术经理首先使用汽车诊断仪读取发动机电控系统的故障码为 DTC P0121（节气门位置传感器 1 性能），经过初步判断，要求对该车怠速控制系统及电子节气门控制系统进行检修				
任务目标	掌握相关理论知识，制订工作计划，完成电子节气门体、加速踏板位置传感器及控制电路检测的工作任务，排除相关故障				
实训设备	科鲁兹轿车或 LDE 发动机电控实训台或相似实训设备				
资讯	1）怠速通常是指发动机在＿＿＿＿＿＿的情况下的稳定运转状态。 2）在怠速情况下，加速踏板＿＿＿＿＿，节气门接近＿＿＿＿＿，进入气缸的空气量及喷油量很少，发动机输出功率仅能在无负荷下以最低转速空运行。 3）怠速控制系统的英文简称是＿＿＿＿＿＿，其功能是根据发动机工作＿＿＿＿＿和＿＿＿＿＿，由 ECU 自动控制怠速工况下的＿＿＿＿＿＿，维持发动机以稳定怠速运转。 4）怠速控制系统主要由＿＿＿＿＿、＿＿＿＿＿和＿＿＿＿＿三部分组成。 5）在怠速控制系统中，ECM 首先根据＿＿＿＿＿信号、＿＿＿＿＿信号及车速信号识别确认发动机在怠速工况，才进行怠速控制。 6）怠速控制的目的是使发动机达到＿＿＿＿＿＿，实质是怠速时的＿＿＿＿＿＿。 7）电控汽油发动机怠速控制系统按控制怠速进气量方式的不同，可分为＿＿＿＿＿＿和＿＿＿＿＿＿。 8）步进电动机是一种由 ECU 输出脉冲信号控制其＿＿＿＿＿和＿＿＿＿＿的电动机，是一种＿＿＿＿＿执行机构。 9）节气门位置传感器的英文简称是＿＿＿＿＿。 10）节气门位置传感器安装在节气门体上节气门轴的一端，其功用是将＿＿＿＿＿转变为＿＿＿＿＿输入 ECM。 11）现在轿车节气门位置传感器主要有＿＿＿＿＿式和＿＿＿＿＿式两种。 12）大众车系现在广泛采用＿＿＿＿＿节气门位置传感器。 13）电子节气门的英文简称是＿＿＿＿＿＿。 14）电子节气门在大众车系中也称为 EPC，是一种柔性控制系统，通过节气门体上的＿＿＿＿＿驱动节气门。				

(续)

15) 大众电子节气门控制系统主要由_____、_____、ECM 和 EPC 警告灯等组成。

16) 电子节气门体总成一般由_____、_____和_____组成。

17) 加速踏板位置传感器的简称是_____，其功能是_____。

18) 科鲁兹 LDE 发动机电子节气门 Q38 插接器上有 6 个端子，端子 1 节气门位置传感器信号_____，端子 2 传感器_____，端子 3、5 节气门电动机控制，端子 4 节气门位置传感器信号_____，端子 6 传感器_____。

19) 科鲁兹 LDE 发动机两个节气门位置传感器的输出信号电压_____，随着节气门开度的增大，TPS1 信号电压_____，TPS2 信号电压_____。

20) 科鲁兹 LDE 发动机加速踏板位置传感器 B107 插接器上有 6 个端子，端子 1、2 为传感器_____，端子 3、6 为_____，端子 4、5 为传感器_____。

21) 为了让发动机更好调整_____、控制_____、调整_____，发动机控制单元需要_____实时输入状态数据，当数据变化后，ECU 会自动调整_____数据值，超过一定值后，发动机工作就会异常，此时需要把_____最新状态数据写入_____，使 ECU 按新数据调整工作方式，此过程叫作_____。

22) 结合下图，写出电子节气门中各部件的名称。

1. _____ 2. _____ 3. _____
4. _____ 5. _____ 6. _____

23) 结合下图，写出步进电动机内部各部件的名称。

1. _____ 2. _____ 3. _____ 4. _____

资讯

(续)

资讯	绘制电子节气门体电路简图		绘制加速踏板位置传感器电路简图	
计划与决策	实施计划	检测与诊断步骤		仪器与工具、量具
		1.		
		2.		
		3.		
		4.		
		5.		
		6.		
		7.		
		8.		
		9.		
		10.		
		11.		
		12.		
		13.		
	任务分工	职责	组长/记录	主操作	辅操作	仪器管理	安全6S	质检
		姓名						
	注意事项			

（续）

	一、车辆基本检查			
实施	1. 实训车辆安全防护			
	2. 登记车辆基本信息	整车型号：		
		车辆识别代码：		
		发动机型号：		
	3. 车辆油、电、水的检查	□正常　　□不正常		
	4. 故障码的检查	DTC：		

二、电子节气门控制电路检测

1. 电子节气门位置传感器外观的检查		□正常　　□不正常		
元件端子	ECM 端子	功能		导线颜色

2. 电子节气门位置传感器搭铁线路的检测	检测条件			
使用设备	检测端子	标准描述	检测结果	是否正常

3. 电子节气门位置传感器供电的检测	检测条件			
使用设备	检测端子	标准描述	检测结果	是否正常

4. 电子节气门位置传感器 TPS1 与 TPS2 信号电压的检测	检测条件			
使用设备	检测端子	标准描述	检测结果	是否正常

（续）

实施	5. 电子节气门位置传感器信号波形的检测		检测条件			
	使用设备	检测端子	正表笔连接	负表笔连接	是否正常
	标准波形			检测波形		
	6. 电子节气门电动机脉冲调制控制信号的检测		检测条件			
	使用设备	检测端子	正表笔连接	负表笔连接	是否正常
	标准波形			检测波形		

三、加速踏板位置传感器及电路检测

1. 加速踏板位置传感器外观的检查　　□正常　□不正常

元件端子	ECM 端子	功能	导线颜色

(续)

实施	2. 加速踏板位置传感器搭铁电路的检测		检测条件		
	使用设备	检测端子	标准描述	检测结果	是否正常
	3. 加速踏板位置传感器供电的检测		检测条件		
	使用设备	检测端子	标准描述	检测结果	是否正常
	4. 加速踏板位置传感器信号线电压的检测		检测条件		
	使用设备	检测端子	标准描述	检测结果	是否正常

四、诊断结论

元件损坏	名称：	维修建议：☐更换 ☐维修 ☐调整
线路故障	线路区间：	维修建议：☐更换 ☐维修 ☐调整
其他		

检查与评估	检查监督	☐6S 管理 ☐分工合理 ☐过程完整 ☐操作规范 ☐数据正确 ☐现场恢复 ☐其他异常情况：_____			
	过程考核	过程考核评价	组长考核个人		
			A	B	C
		A	90~100 分	80~89 分	70~79 分
		教师考核小组　B	80~89 分	70~79 分	60~69 分
		C	70~79 分	60~69 分	不合格
		个人最终成绩			

（续）

		项目	评分标准	分值	得分
检查与评估	参考考核标准	工作任务	明确工作任务，理解任务的重要性	6	
		前期准备	掌握任务实施的基本知识以及重难点	6	
		工作计划	按照任务要求，制订工作计划	6	
			小组每人任务分工	5	
			准备相关设备和工具	6	
		任务实施	车辆安全防护、基本信息登记	5	
			车辆油、水、电的基本检查	6	
			电子节气门位置传感器外观的检查	3	
			电子节气门位置传感器线束的检测	5	
			电子节气门位置传感器 TPS1 与 TPS2 信号电压的检测	6	
			电子节气门电动机脉冲调制控制信号的检测	6	
			加速踏板位置传感器外观的检查	3	
			加速踏板位置传感器线束的检测	5	
		6S 管理	清理场地，整理设备工具	10	
		实施过程	操作过程的规范标准	10	
		自我评价	对自身情况进行客观评价	6	
			任务实施过程中对自身问题进行评价	6	
		得分（满分100分）			
	实训小结				

任务 3.5　进气控制系统检修

姓名		学生组号		班级	
实训场地		课时		日期	
任务导入	一辆 2018 款迈腾 B8L2.0T 轿车加速无力，明显感觉动力不足，入厂进行维修。技术经理经过初步判断，要求对该车进气控制系统进行检修				
任务目标	掌握相关理论知识，制订工作计划，完成进气控制系统检修工作任务，排除相关故障				
实训设备	迈腾轿车或迈腾 B8L2.0T 发动机电控实训台或相似实训设备				

资讯

1）现在汽车进气控制系统主要包括_____系统、_____系统、_____系统和_____系统。

2）气门正时可变控制系统的英文简称是_____。

3）气门正时可变控制系统根据发动机的运行情况，调整气门开合_____、_____，从而调节_____。

4）双气门可变正时技术实现了_____、_____正时均可控制。

5）丰田智能可变气门正时系统由_____、_____和_____三部分组成。

6）发动机 ECU 根据发动机转速、进气量、节气门位置和冷却液温度等信号计算出一个最优_____。

7）凸轮轴正时机油控制阀根据发动机 ECU 的控制指令选择至 VVT-i 控制器的不同油路，以处于_____、_____或_____这三个不同的工作状态。

8）VVT 控制器按照结构原理的不同可分为_____、_____、_____三种类型。

9）丰田 VVT-i 控制系统采用_____VVT 控制器。

10）丰田 VVT-i 进气门智能可变气门正时系统的工作过程可分为_____、_____和_____三种状态。

11）正时提前凸轮轴正时控制阀油压作用于_____，正时延迟，则油压作用于_____。

12）大众链式 VVT 控制器由_____和_____等组成。

13）大众链式 VVT 控制器利用机油压力推动_____，带动_____，以调节气门正时。

14）迈腾 B8L 第三代 EA888 发动机上采用双 VVT 技术，也称为 INA 凸轮轴调节系统，其主要由_____和_____等组成。

（续）

资讯

15）气门升程可变控制系统的英文缩写是_____。

16）本田 i-VTEC 是指_____，技术核心是_____。

17）大众 AVS 指的是_____。

18）本田 i-VTEC 在发动机中、低转速时，三根摇臂处于_____状态，气门升量较小，在发动机达到某一个设定的转速时，三根摇臂_____气门升程和开启时间都相应_____。

19）进气道可变控制系统是利用进气气流的_____和_____来提高充气效率的。

20）进气道可变控制系统可分为_____系统和_____系统。

21）动力阀控制系统是控制发动机进气道的_____大小，以适应发动机不同转速和负荷时的进气量需求。在低速、小负荷工况下使进气道空气流通截面面积_____，而在高速、大负荷工况下_____进气道空气流通截面面积。

22）进气谐波增压系统是利用了进气管内的_____与进气门的_____配合，当发动机低速运转时，使用_____进气道。

23）废气涡轮增压控制系统是利用发动机排出的高温高压_____的_____和_____，驱使涡轮增压器中增压涡轮对进气加压，从而加大_____，提高发动机的输出功率与动力性能。

24）废气涡轮增压系统由_____、_____、_____、中冷器和_____等组成。

25）废气涡轮增压系统主要是对_____进行控制，根据其控制方法，分为_____式、_____式和_____式。

26）双涡管有别于普通的单涡管，多增加了一条_____，不同的是涡轮是由两个_____驱动。四缸发动机中将排气管道分为两组，气缸_____为一组，气缸_____为一组。

27）结合下图，写出丰田 VVT-i 中各部件的名称。

1. _____

2. _____

3. _____

4. _____

(续)

28）结合下图，写出废气涡轮增压系统中各部件的名称。

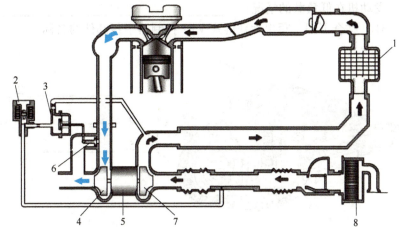

1. _____ 2. _____ 3. _____ 4. _____
5. _____ 6. _____ 7. _____ 8. _____

29）结合下图，写出废气涡轮增压器中各部件的名称。

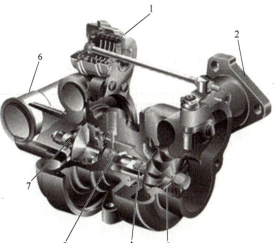

1. _____
2. _____
3. _____
4. _____
5. _____
6. _____
7. _____

30）结合下图，写出大众 AVS 中各部件的名称，并分析不同工况下的调节情况。

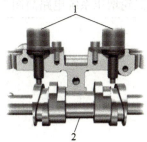

1. _____
2. _____

（续）

资讯	发动机在高负载的情况：_____。 发动机在低负载的情况：_____。 31）结合下图，写出大众链式 VVT 控制器中各部件的名称。 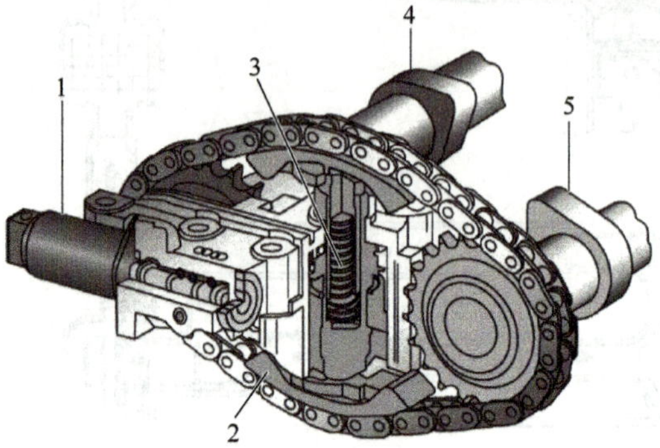 1. _____ 2. _____ 3. _____ 4. _____ 5. _____	
	绘制 VVT 电路简图	绘制进气道控制系统电路简图
	绘制大众 AVS 电路简图	
	绘制废气涡轮增压系统电路简图	

（续）

		检测与诊断步骤	仪器与工具、量具
计划与决策	实施计划	1.	
		2.	
		3.	
		4.	
		5.	
		6.	
		7.	
		8.	
		9.	
		10.	
		11.	
		12.	
		13.	
		14.	
		15.	
		16.	
		17.	
		18.	
		19.	
	任务分工	职责	组长/记录	主操作	辅操作	仪器管理	安全6S	质检
		姓名						
	注意事项		

（续）

实施	一、车辆基本检查		
	1. 实训车辆安全防护		
	2. 登记车辆基本信息	整车型号：	
		车辆识别代码：	
		发动机型号：	
	3. 车辆油、电、水的检查	□正常　□不正常	
	4. 故障码的检查	DTC：	

二、气门正时可变控制系统检测

1. 进气凸轮轴调节阀外观的检查		□正常　□不正常		
元件端子	ECM端子	功能	导线颜色	

2. 进气凸轮轴调节阀内阻的检测		检测条件		
使用设备	检测端子	标准描述	检测结果	是否正常

3. 进气凸轮轴调节阀供电线路的检测		检测条件		
使用设备	检测端子	标准描述	检测结果	是否正常

4. 进气凸轮轴调节阀控制信号线路的检测		检测条件		
使用设备	检测端子	标准描述	检测结果	是否正常

（续）

	5. 进气凸轮轴调节阀控制信号波形的检测（PWM）		检测条件		
	使用设备	检测端子	正表笔连接	负表笔连接	是否正常
	标准波形			检测波形	

三、气门升程可变控制系统检测

实施

1. 排气凸轮轴调节阀外观的检查（1缸）		□正常　□不正常		
	元件端子	ECM端子	功能	导线颜色

2. 排气凸轮轴调节阀内阻的检测		检测条件		
使用设备	检测端子	标准描述	检测结果	是否正常

3. 排气凸轮轴调节阀供电线路的检测		检测条件		
使用设备	检测端子	标准描述	检测结果	是否正常

（续）

4. 排气凸轮轴调节阀控制信号线路的检测		检测条件		
使用设备	检测端子	标准描述	检测结果	是否正常

5. 排气凸轮轴调节阀控制信号波形的检测（PWM）		检测条件		
使用设备	检测端子	正表笔连接	负表笔连接	是否正常
标准波形		检测波形		

四、进气道可变控制系统检测

1. 进气管风门控制阀外观的检查		□正常	□不正常	
	元件端子	ECM 端子	功能	导线颜色

2. 进气管风门控制阀内阻的检测		检测条件		
使用设备	检测端子	标准描述	检测结果	是否正常

3. 进气管风门控制阀供电线路的检测		检测条件		
使用设备	检测端子	标准描述	检测结果	是否正常

(续)

实施	4. 进气管风门控制阀控制信号的检测（试灯的检测）		检测条件		
	使用设备	检测端子	标准描述	检测结果	是否正常

五、废气涡轮增压系统检测

	1. 增压压力限制电磁阀外观的检查			□正常　□不正常	
	元件端子	ECM 端子	功能	导线颜色	
	2. 增压压力限制电磁阀内阻的检测		检测条件		
	使用设备	检测端子	标准描述	检测结果	是否正常
	3. 增压压力限制电磁阀供电线路的检测		检测条件		
	使用设备	检测端子	标准描述	检测结果	是否正常
	4. 内循环空气阀外观的检查			□正常　□不正常	
	元件端子	ECM 端子	功能	导线颜色	
	5. 内循环空气阀内阻的检测		检测条件		
	使用设备	检测端子	标准描述	检测结果	是否正常

（续）

实施	6. 内循环空气阀供电线路的检测		检测条件			
	使用设备	检测端子	标准描述		检测结果	是否正常
	7. 增压压力传感器外观的检查			□正常		□不正常
		元件端子	ECM端子	功能		导线颜色

六、诊断结论

元件损坏	名称：	维修建议：□更换　□维修　□调整
线路故障	线路区间：	维修建议：□更换　□维修　□调整
其他		

检查与评估	检查监督	□6S管理　□分工合理　□过程完整　□操作规范 □数据正确　□现场恢复　□其他异常情况：_____			
	过程考核	过程考核评价	组长考核个人		
			A	B	C
		教师考核小组　A	90~100分	80~89分	70~79分
		B	80~89分	70~79分	60~69分
		C	70~79分	60~69分	不合格
		个人最终成绩			
	参考考核标准	项目	评分标准	分值	得分
		工作任务	明确工作任务，理解任务的重要性	6	
		前期准备	掌握任务实施的基本知识以及重难点	6	
		工作计划	按照任务要求，制订工作计划	6	
			小组每人任务分工	5	
			准备相关设备和工具	6	

（续）

		项目	评 分 标 准	分值	得分
检查与评估	参考考核标准	任务实施	车辆安全防护、基本信息登记	5	
			车辆油、水、电的基本检查	6	
			进气凸轮轴调节阀外观的检查	1	
			进气凸轮轴调节阀内阻的检测	2	
			进气凸轮轴调节阀线束的检测	2	
			进气凸轮轴调节阀控制信号波形（PWM）的检测	2	
			排气凸轮轴调节阀外观的检查	1	
			排气凸轮轴调节阀内阻的检测	2	
			排气凸轮轴调节阀线束的检测	2	
			排气凸轮轴调节阀控制信号波形（PWM）的检测	2	
			进气管风门控制阀外观的检查	1	
			进气管风门控制阀内阻的检测	2	
			进气管风门控制阀线束的检测	2	
			增压压力限制电磁阀外观的检查	1	
			增压压力限制电磁阀内阻的检测	1	
			增压压力限制电磁阀线束的检测	2	
			内循环空气阀外观的检查	1	
			内循环空气阀内阻的检测	1	
			内循环空气阀线束的检测	2	
			增压压力传感器外观的检查	1	
		6S 管理	清理场地，整理设备工具	10	
		实施过程	操作过程的规范标准	10	
		自我评价	对自身情况进行客观评价	6	
			任务实施过程中对自身问题进行评价	6	
			得分（满分100分）		
	实训小结				

项目 4　电控点火系统检修

任务 4.1　点火线圈与爆燃传感器及控制电路检修

姓名		学生组号		班级	
实训场地		课时		日期	
任务导入	一辆装备 LDE 发动机的科鲁兹轿车，发动机怠速抖动，加速无力，发动机故障灯异常点亮，入厂进行维修。技术经理首先使用汽车诊断仪读取发动机电控系统的故障码为 DTC P0351（点火线圈 1 控制电路）、DTC P0325（爆燃传感器电路），经过初步判断，要求对该车点火线圈、爆燃传感器及控制电路进行检修				
任务目标	掌握相关理论知识，制订工作计划，完成点火线圈与爆燃传感器及控制电路检测工作任务，排除相关故障				
实训设备	科鲁兹轿车或 LDE 发动机电控实训台或相似实训设备				
资讯	1）点火系统的基本功用是在发动机各种工况和使用条件下，在气缸内_____、_____、_____地产生电火花，以点燃可燃混合气，使发动机做功。 2）点火系统的发展经历了_____系统、_____系统、_____系统三个阶段。 3）目前轿车都采用集中控制的电控点火系统，集_____、_____、_____、防盗和自诊断等功能于一体的发动机管理系统，能对_____和_____同时进行精确控制。 4）传统点火系统是通过_____和_____将电源提供的低电压转变为高电压。 5）电子点火系统通过_____和由_____组成的_____将电源提供的低压电转变为高压电，再通过_____分配到各缸火花塞。 6）电控点火系统由发动机电控系统根据各种传感器提供的发动机工况信息，发出_____，控制_____，点燃可燃混合气。 7）电控点火系统由_____、_____和_____三部分组成。 8）电控点火系统能在不同负荷和转速条件下提供_____、最佳点火电压和_____，提高了发动机的动力性、经济性和可靠性，改善了排放性能。				

（续）

资讯	9）在电控点火系统中，发动机 ECU 对点火系统的控制主要包括_____控制、_____控制和_____控制三项内容。 10）点火提前角就是从_____起到活塞到达_____，这段时间内_____转过的角度。 11）最佳点火提前角应随发动机转速升高而_____，随负荷增大而_____，同时还受到燃料性质、温度、空燃比和大气压力等因素的影响。 12）闭合角是点火线圈_____电路导通期间，发动机_____转过的角度，闭合角控制也称为通电时间控制。 13）当发动机转速高时，应_____，以防止一次绕组通过的电流值下降，造成二次电压下降，点火困难。当蓄电池电压下降时，也应_____。 14）发动机爆燃是由于气体的_____和_____过高，可燃混合气在没有点燃的情况下_____，且火焰以高于正常燃烧数倍的速度向外传播。 15）点火提前角过大，活塞上行受阻，会造成发动机_____。点火提前角过小，有效做功行程变短，排气温度_____，功率_____。 16）消除爆燃最有效的方法就是_____，利用_____能够有效地控制点火提前角，从而使发动机工作在爆燃的临界状态。 17）点火提前角的计算和控制首先根据_____位置信号和_____位置信号确定初始点火提前角，然后根据发动机_____和_____确定基本点火提前角，最后再根据有关传感器的信号确定_____。 18）当发动机处于怠速工况时，发动机 ECU 根据_____位置信号、转速和空调开关等负荷信号确定基本点火提前角。当发动机处于非怠速工况时，ECU 根据发动机转速和节气门位置信号，从预置在存储器中的点火特性三维脉谱图中查出相应的_____。 19）电控点火系统根据是否有分电器分为_____电控点火系统和无分电器电控点火系统，无分电器点火系统又分为双缸同时点火系统和_____。 20）双缸同时点火方式是_____，即两个火花塞共用一个点火线圈，两个气缸_____。 21）单独点火系统中每个气缸都配有_____，即点火线圈的数量与气缸数相等，且直接安装在火花塞上方，各缸火花塞按照_____进行点火。 22）爆燃传感器的作用是将发动机由于爆燃产生的_____转换成_____输送到发动机 ECU，ECU 对该信号进行滤波处理并判定有无爆燃，实现对发动机的_____。 23）爆燃传感器按原理不同可分为_____和_____两种，其中_____被广泛使用。 24）迈腾 B8L 点火系统采用_____点火系统，每个缸配有独立的_____，每个点火线圈通过_____连接。

（续）

25）结合下图，写出配有点火控制器的点火线圈结构名称。

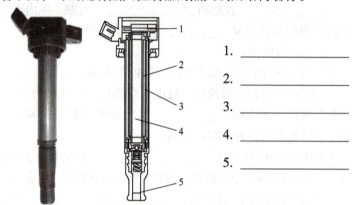

1. _____
2. _____
3. _____
4. _____
5. _____

26）结合下图，写出电感式爆燃传感器内部结构名称。

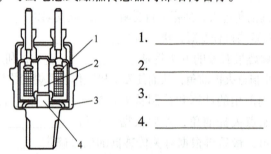

1. _____
2. _____
3. _____
4. _____

27）结合下图，分析大众 AJR 发动机点火模块电路中各端子的作用。

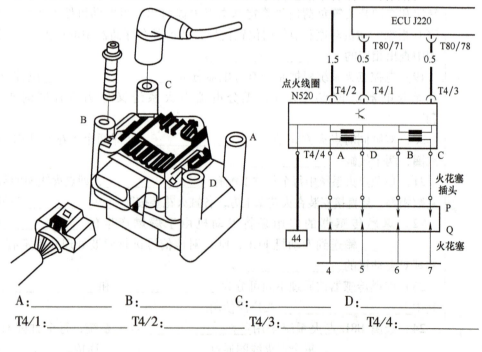

A：_____ B：_____ C：_____ D：_____
T4/1：_____ T4/2：_____ T4/3：_____ T4/4：_____

（续）

资讯	绘制点火系统电路简图		绘制爆燃传感器电路简图	

		检测与诊断步骤	仪器与工具、量具	
计划与决策	实施计划	1.		
		2.		
		3.		
		4.		
		5.		
		6.		
		7.		
		8.		
		9.		
		10.		
		11.		
		12.		
		13.		
		14.		
	任务分工	职责	组长/记录	主操作	辅操作	仪器管理	安全6S	质检
		姓名						
	注意事项							

（续）

实施	一、车辆基本检查				
	1. 实训车辆安全防护				
	2. 登记车辆基本信息	整车型号：			
		车辆识别代码：			
		发动机型号：			
	3. 车辆油、电、水的检查	□ 正常　　□ 不正常			
	4. 故障码的检查	DTC：			

二、点火线圈及电路检测

1. 点火线圈外观的检查		□正常　　□不正常		
元件端子	ECM 端子	功能	导线颜色	

2. 点火线圈搭铁线路的检测		检测条件		
使用设备	检测端子	标准描述	检测结果	是否正常

3. 点火线圈线路供电的检测		检测条件		
使用设备	检测端子	标准描述	检测结果	是否正常

4. 点火线圈控制信号线的检测（频率）		检测条件		
使用设备	检测端子	标准描述	检测结果	是否正常

(续)

实施	5. 点火线圈控制信号波形的检测（1 缸）		检测条件		
	使用设备	检测端子	正表笔连接	负表笔连接	是否正常
	标准波形			检测波形	

三、爆燃传感器及电路检测

实施	1. 爆燃传感器外观的检查		□正常　□不正常		
	元件端子	ECM 端子	功能		导线颜色
	2. 爆燃传感器搭铁电路的检测		检测条件		
	使用设备	检测端子	标准描述	检测结果	是否正常
	3. 爆燃传感器信号电路的检测		检测条件		
	使用设备	检测端子	标准描述	检测结果	是否正常
	4. 爆燃传感器控制信号波形的检测		检测条件		
	使用设备	检测端子	正表笔连接	负表笔连接	是否正常

（续）

实施	标准波形			检测波形		

四、诊断结论

元件损坏	名称：	维修建议：☐ 更换 ☐ 维修 ☐ 调整
线路故障	线路区间：	维修建议：☐ 更换 ☐ 维修 ☐ 调整
其他		

	检查监督	☐ 6S 管理　☐ 分工合理　☐ 过程完整　☐ 操作规范 ☐ 数据正确　☐ 现场恢复　☐ 其他异常情况：_____				
检查与评估	过程考核	过程考核评价		组长考核个人		
				A	B	C
		教师考核小组	A	90~100 分	80~89 分	70~79 分
			B	80~89 分	70~79 分	60~69 分
			C	70~79 分	60~69 分	不合格
		个人最终成绩				

	项目	评分标准	分值	得分
参考考核标准	工作任务	明确工作任务，理解任务的重要性	6	
	前期准备	掌握任务实施的基本知识以及重难点	6	
	工作计划	按照任务要求，制订工作计划	6	
		小组每人任务分工	6	
		准备相关设备和工具	6	
	任务实施	车辆安全防护、基本信息登记	6	
		车辆油、水、电的基本检查	6	
		点火线圈外观的检查	3	
		点火线圈线束的检测	4	
		点火线圈控制信号线的检测	5	
		点火线圈控制信号波形的检测	4	
		爆燃传感器外观的检查	3	
		爆燃传感器线束的检测	4	
		爆燃传感器控制信号波形的检测	5	

(续)

检查与评估	参考考核标准	项目	评 分 标 准	分值	得分
		6S 管理	清理场地，整理设备工具	8	
		实施过程	操作过程的规范标准	10	
		自我评价	对自身情况进行客观评价	6	
			任务实施过程中对自身问题进行评价	6	
		得分（满分100分）			
	实训小结				

任务 4.2 曲轴位置传感器和凸轮轴位置传感器及控制电路检修

姓名		学生组号		班级	
实训场地		课时		日期	
任务导入		一辆装备 LDE 发动机的科鲁兹轿车，无法着车，发动机故障灯异常点亮，入厂进行维修。技术经理首先使用汽车诊断仪读取发动机电控系统的故障码为 DTC P0335（曲轴位置传感器电路）、DTC P0340（凸轮轴位置传感器电路），经过初步判断，要求对该车曲轴位置传感器、凸轮轴位置传感器及控制电路进行检修			
任务目标		掌握相关理论知识，制订工作计划，完成曲轴位置传感器和凸轮轴位置传感器及控制电路检测工作任务，排除相关故障			
实训设备		科鲁兹轿车或 LDE 发动机电控实训台或相似实训设备			
资讯		1）曲轴位置传感器的英文简称是_____。 2）曲轴位置传感器的功用是采集曲轴_____和发动机_____信号输入控制单元 ECU，以便确定_____和_____。 3）曲轴位置传感器按照其工作原理的不同可分为_____式、_____式、_____式和_____式四大类。 4）电磁感应式曲轴位置传感器主要由_____、_____和_____等组成。 5）电磁感应式曲轴位置传感器是主动型传感器，_____ECU 供电，而磁阻式是被动型传感器，_____ECU 供电。 6）使用电磁感应式曲轴位置传感器，发动机 ECU 可以通过基准信号识别 1 缸或者 4 缸上止点位置，通过_____信号的频率计算出发动机的_____及曲轴_____。 7）使用电磁感应式曲轴位置传感器，信号电压波形频率与发动机转速成_____。 8）磁阻效应 MRE 是指某些金属或半导体的_____随外加磁场变化而变化的现象。 9）大众 AJR 发动机采用的是_____式曲轴位置传感器，通用 LDE 发动机采用的是_____式曲轴位置传感器。 10）凸轮轴位置传感器的英文简称是_____。 11）凸轮轴位置传感器的功用是采集凸轮轴的_____信号并输入 ECU，以便 ECU 识别 1 缸压缩上止点，从而进行顺序_____控制、_____控制和_____控制。			

（续）

资讯	12）凸轮轴位置传感器按照其工作原理不同可分为_____式、_____式、_____式和_____式四大类。 13）科鲁兹 LDE 发动机曲轴位置传感器，磁阻环安装在曲轴后端与曲轴一起转动，编码器轮由_____个极和一个参考间隙组成，编码器轮上的每个极相隔_____°。 14）大众 AJR 发动机采用的是_____式凸轮轴位置传感器，通用 LDE 发动机采用的是_____式凸轮轴位置传感器。 15）霍尔式和磁阻式凸轮轴位置传感器均为_____传感器，需要 ECU 供电。 16）光电式曲轴/凸轮轴位置传感器主要由_____、_____、_____和_____组成。 17）光电式曲轴/凸轮轴位置传感器信号盘连续旋转，透光孔和遮光部分就会交替地转过 LED 发光二极管而透光或遮光，光敏晶体管集电极便交替地输出_____和_____。 18）结合下图，写出电磁感应式曲轴位置传感器的内部结构名称。 1. _____ 2. _____ 3. _____ 4. _____ 5. _____ 19）结合下图，写出霍尔式凸轮轴位置传感器的内部结构名称。 1. _____ 2. _____ 3. _____ 4. _____ 5. _____ 20）结合下图，分析大众 AJR 发动机曲轴位置传感器 G28 与凸轮轴位置传感器 G40 电路中各端子的作用。

（续）

资讯	G28：1. _____ 2. _____ 3. _____ G40：1. _____ 2. _____ 3. _____		
	绘制曲轴位置传感器电路简图		绘制凸轮轴位置传感器电路简图

		检测与诊断步骤	仪器与工具、量具
计划与决策	实施计划	1.	
		2.	
		3.	
		4.	
		5.	
		6.	
		7.	
		8.	
		9.	

(续)

		检测与诊断步骤				仪器与工具、量具	
计划与决策	实施计划	10.					
		11.					
		12.					
		13.					
		14.					
	任务分工	职责	组长/记录	主操作	辅操作	仪器管理	安全6S	质检
		姓名						
	注意事项							

一、车辆基本检查

1. 实训车辆安全防护	
2. 登记车辆基本信息	整车型号：
	车辆识别代码：
	发动机型号：
3. 车辆油、电、水的检查	□正常 □不正常
4. 故障码的检查	DTC：

二、曲轴位置传感器及电路检测

实施

1. 曲轴位置传感器外观的检查	□正常 □不正常

元件端子	ECM端子	功能	导线颜色

2. 曲轴位置传感器搭铁线路的检测	检测条件

使用设备	检测端子	标准描述	检测结果	是否正常

93

（续）

实施

3. 曲轴位置传感器供电线路的检测		检测条件		
使用设备	检测端子	标准描述	检测结果	是否正常

4. 曲轴位置传感器信号线路的检测		检测条件		
使用设备	检测端子	标准描述	检测结果	是否正常

5. 曲轴位置传感器信号波形的检测		检测条件		
使用设备	检测端子	正表笔连接	负表笔连接	是否正常

标准波形	检测波形

三、凸轮轴位置传感器及电路检测

1. 凸轮轴位置传感器外观的检查	□正常　□不正常

元件端子	ECM 端子	功能	导线颜色

2. 凸轮轴位置传感器搭铁线路的检测		检测条件		
使用设备	检测端子	标准描述	检测结果	是否正常

（续）

实施	3. 凸轮轴位置传感器供电线路的检测		检测条件		
	使用设备	检测端子	标准描述	检测结果	是否正常
	4. 凸轮轴位置传感器信号线路的检测		检测条件		
	使用设备	检测端子	标准描述	检测结果	是否正常
	5. 凸轮轴位置传感器信号波形的检测		检测条件		
	使用设备	检测端子	正表笔连接	负表笔连接	是否正常
	标准波形			检测波形	

四、诊断结论

元件损坏	名称：	维修建议：□更换 □维修 □调整
线路故障	线路区间：	维修建议：□更换 □维修 □调整
其他		

检查与评估	检查监督	□6S管理 □分工合理 □过程完整 □操作规范 □数据正确 □现场恢复 □其他异常情况：_____			
	过程考核	过程考核评价	组长考核个人		
			A	B	C
		A	90~100分	80~89分	70~79分
		教师考核小组 B	80~89分	70~79分	60~69分
		C	70~79分	60~69分	不合格
		个人最终成绩			

（续）

		项目	评 分 标 准	分值	得分
检查与评估	参考考核标准	工作任务	明确工作任务，理解任务的重要性	6	
		前期准备	掌握任务实施的基本知识以及重难点	6	
		工作计划	按照任务要求，制订工作计划	6	
			小组每人任务分工	5	
			准备相关设备和工具	6	
		任务实施	车辆安全防护、基本信息登记	5	
			车辆油、水、电的基本检查	6	
			曲轴位置传感器外观的检查	3	
			曲轴位置传感器线束的检测	5	
			曲轴位置传感器信号波形的检测	6	
			凸轮轴位置传感器外观的检查	3	
			凸轮轴位置传感器线束的检测	5	
			凸轮轴位置传感器信号波形的检测	6	
		6S 管理	清理场地，整理设备工具	10	
		实施过程	操作过程的规范标准	10	
		自我评价	对自身情况进行客观评价	6	
			任务实施过程中对自身问题进行评价	6	
		得分（满分100分）			
	实训小结				

项目 5　发动机排放控制系统检修

任务 5.1　燃油蒸发控制系统检修

姓名		学生组号		班级	
实训场地		课时		日期	
任务导入	一辆装备 LDE 发动机的科鲁兹轿车，怠速不稳，发动机故障灯异常点亮，入厂进行维修。技术经理首先使用汽车诊断仪读取发动机电控系统的故障码为 DTC P0443 [蒸发排放（EVAP）吹洗电磁阀控制电路]，经过初步判断，要求对该车燃油蒸发控制系统进行检修				
任务目标	掌握相关理论知识，制订工作计划，完成燃油蒸发控制系统检修的工作任务，排除相关故障				
实训设备	科鲁兹轿车或 LDE 发动机电控实训台或相似实训设备				
资讯	1）发动机排放控制系统主要包括_____系统、_____系统、_____系统、_____系统和_____系统等。 2）燃油蒸发控制系统的英文简称是_____。 3）燃油蒸发控制系统的功用是将汽油蒸气从燃油箱导入_____，以便在发动机不运行时储存汽油蒸气，当发动机达到一定运行条件时，炭罐中的汽油蒸气被吸入_____。 4）燃油蒸发控制系统主要由_____、_____、_____及_____管路等组成。 5）活性炭罐通常安装在_____，用来吸收和储存燃油箱排出的_____。 6）活性炭罐电磁阀线圈电阻正常约为_____Ω，过大或过小则可能有内部断路或短路。 7）科鲁兹轿车燃油蒸发控制系统在传统 EVAP 系统上增加了_____传感器和_____电磁阀。通过传感器的信号，ECM 可以监测_____并且控制和调节_____压力。 8）活性炭罐吹洗电磁阀装在活性炭罐与进气歧管之间，由 ECM 根据发动机的冷却液温度、_____和节气门等参数，采用_____控制电磁阀的开闭。				

(续)

资讯	9）活性炭罐通风电磁阀安装在活性炭罐通风软管处，控制_____进入活性炭罐，以便控制_____和_____。 10）曲轴箱强制通风系统的英文简称是_____。 11）曲轴箱强制通风系统的功用是将燃烧室窜入曲轴箱内的_____与_____混合，通过连接管导向进气管的适当位置，返回_____重新燃烧。 12）大众 EA888 发动机曲轴箱强制通风系统由_____、_____、_____及管路组成，油气分离器中安装有_____、_____及止回阀等部件，并且设计有诊断通道。 13）大众 EA888 发动机曲轴箱强制通风系统油气分离器采用_____设计，窜气在_____作用下，质量较大的机油流至外围机油回流口。 14）废气再循环控制系统的英文简称是_____。 15）EGR 的功用是在发动机一定工况下将一部分废气引入_____，与新鲜的燃油混合气混合，使混合气变_____，从而降低燃烧速度，燃烧温度随之下降，减少_____的生成。 16）EGR 率是指再循环废气的量占整个进气量的_____。EGR 率过高，油耗增加，HC 排量增加，缺火率增加，使燃烧变得不稳定，发动机性能下降。 17）EGR 根据控制方式不同可分为很多种，常见的类型是_____间接控制型和_____直接控制型。 18）二次空气喷射系统的英文简称是_____。 19）二次空气喷射系统的功用是将一定量的_____引入排气管中，使废气中的 CO 和 HC 进一步燃烧，以减少 CO 和 HC 的排放，提高催化剂的_____。 20）柴油机颗粒捕集器是安装在柴油车排放控制系统中，通过过滤的方式来降低排气中_____的装置。 21）当柴油发动机工作时，带有_____的废气进入_____的蜂窝状载体滤清器，_____在蜂窝状载体滤清器中被拦截，当废气流出时大部分的_____已经被过滤掉。 22）DPF 的载体材料主要为_____、_____和_____等，具体可根据实际情况进行选择使用，DPF 再生可分为_____和_____。 23）结合下图，写出科鲁兹燃油蒸发控制系统各部件名称。

项目5　发动机排放控制系统检修

（续）

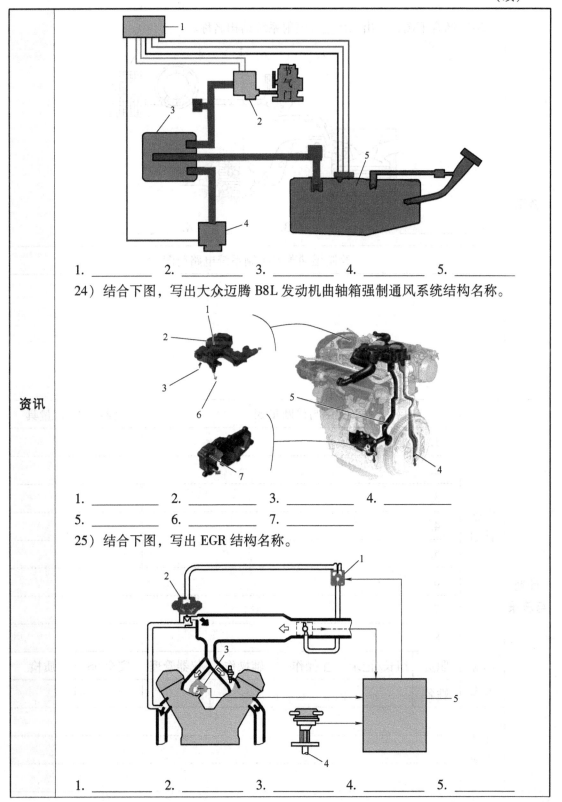

1._____　2._____　3._____　4._____　5._____

24）结合下图，写出大众迈腾 B8L 发动机曲轴箱强制通风系统结构名称。

1._____　2._____　3._____　4._____
5._____　6._____　7._____

25）结合下图，写出 EGR 结构名称。

1._____　2._____　3._____　4._____　5._____

资讯

（续）

资讯	26）结合下图，写出二次空气喷射系统结构名称。 1. _____ 2. _____ 3. _____ 4. _____ 绘制燃油蒸发控制系统电路简图
计划与决策	<table><tr><th colspan="2">检测与诊断步骤</th><th>仪器与工具、量具</th></tr><tr><td rowspan="8">实施计划</td><td>1.</td><td></td></tr><tr><td>2.</td><td></td></tr><tr><td>3.</td><td></td></tr><tr><td>4.</td><td></td></tr><tr><td>5.</td><td></td></tr><tr><td>6.</td><td></td></tr><tr><td>7.</td><td></td></tr><tr><td>8.</td><td></td></tr><tr><td rowspan="2">任务分工</td><td>职责</td><td>组长/记录</td><td>主操作</td><td>辅操作</td><td>仪器管理</td><td>安全6S</td><td>质检</td></tr><tr><td>姓名</td><td colspan="6"></td></tr><tr><td colspan="2">注意事项</td><td colspan="6"></td></tr></table>

(续)

实施	**一、车辆基本检查**		
	1. 实训车辆安全防护		
	2. 登记车辆基本信息	整车型号：	
		车辆识别代码：	
		发动机型号：	
	3. 车辆油、电、水的检查	☐ 正常　　☐ 不正常	
	4. 故障码的检查	DTC：	
	二、蒸发排放吹洗电磁阀及电路检测		
	1. 蒸发排放吹洗电磁阀外观的检查	☐ 正常　　☐ 不正常	

	元件端子	ECM 端子	功能	导线颜色
(接插件图 B A)				

2. 蒸发排放吹洗电磁阀内阻的检测	检测条件			
使用设备	检测端子	标准描述	检测结果	是否正常

3. 蒸发排放吹洗电磁阀控制线路的检测	检测条件			
使用设备	检测端子	标准描述	检测结果	是否正常

（续）

实施	4. 蒸发排放吹洗电磁阀供电线路的检测		检测条件		
	使用设备	检测端子	标准描述	检测结果	是否正常
	5. 蒸发排放吹洗电磁阀控制信号波形的检测		检测条件		
	使用设备	检测端子	正表笔连接	负表笔连接	是否正常
	标准波形			检测波形	

三、诊断结论

元件损坏	名称：	维修建议：□ 更换　□ 维修　□ 调整
线路故障	线路区间：	维修建议：□ 更换　□ 维修　□ 调整
其他		

检查与评估	检查监督	□ 6S 管理　□ 分工合理　□ 过程完整　□ 操作规范　 □ 数据正确　□ 现场恢复　□ 其他异常情况：_____			
	过程考核	过程考核评价	组长考核个人		
			A	B	C
		教师考核小组　A	90～100 分	80～89 分	70～79 分
		教师考核小组　B	80～89 分	70～79 分	60～69 分
		教师考核小组　C	70～79 分	60～69 分	不合格
		个人最终成绩			

（续）

		项目	评 分 标 准	分值	得分
检查与评估	参考考核标准	工作任务	明确工作任务，理解任务的重要性	6	
		前期准备	掌握任务实施的基本知识以及重难点	6	
		工作计划	按照任务要求，制订工作计划	6	
			小组每人任务分工	5	
			准备相关设备和工具	6	
		任务实施	车辆安全防护、基本信息登记	5	
			车辆油、水、电的基本检查	6	
			蒸发排放吹洗电磁阀外观的检查	5	
			蒸发排放吹洗电磁阀内阻的检测	8	
			蒸发排放吹洗电磁阀线束的检测	8	
			蒸发排放吹洗电磁阀控制信号波形的检测	7	
		6S 管理	清理场地，整理设备工具	10	
		实施过程	操作过程的规范标准	10	
		自我评价	对自身情况进行客观评价	6	
			任务实施过程中对自身问题进行评价	6	
	得分（满分 100 分）				
	实训小结				

任务 5.2　三元催化转化器与氧传感器及电路检修

姓名		学生组号		班级	
实训场地		课时		日期	
任务导入	一辆装备 LDE 发动机的科鲁兹轿车，油耗偏高，发动机故障灯异常点亮，入厂进行维修。技术经理首先使用汽车诊断仪读取发动机电控系统的故障码为 DTC P0030（加热型氧传感器加热器控制电路-传感器 1），经过初步判断，要求对该车三元催化转化器与氧传感器及电路进行检修				
任务目标	掌握相关理论知识，制订工作计划，完成三元催化转化器与氧传感器及电路检修的工作任务，排除相关故障				
实训设备	科鲁兹轿车或 LDE 发动机电控实训台或相似实训设备				
资讯	1）三元催化转化器的英文简称是_____。 2）三元催化转化器的作用是将发动机排出的_____、_____ 和_____三种主要有害气体在催化剂的催化作用下，通过氧化还原反应转变为无害的_____、____ 和_____气体排出车外，降低了尾气对环境的污染。 3）三元催化转化器安装在发动机_____ 上，主要由_____ 和_____组成，以_____催化剂。 4）三元催化转化器只有当发动机空燃比控制在_____ 附近，工作温度达到_____ ℃时，才能有效地减少 CO、HC 和 NO_X 的排放，并保持较长的寿命。 5）氧传感器的英文简称是_____。 6）氧传感器安装在发动机_____ 上，通常_____前后各一个。 7）前氧传感器也称为_____感器，其功用是监测排气中_____含量，获得混合气的空燃比信号，并将该信号转变为电信号输入 ECU。 8）氧传感器根据工作原理不同，分为_____式、_____式和_____式三种。 9）后氧传感器主要检测经三元催化转化器转化后废气中的_____，以监测三元催化转化器的工作情况。 10）氧化锆式氧传感器分为_____氧传感器与_____氧传感器两种。 11）传感器中的氧化锆陶瓷管制做成试管型，称为_____管。 12）加热型氧化锆式氧传感器主要由_____元件、加热器和_____等部件组成。 13）当发动机工作时，锆管内、外表面上存在氧浓度差，氧离子在锆管中扩散，锆管内外表面之间的电位差将随可燃混合气的浓度变化而变化，传感器的信号源相当于一个_____电源。				

(续)

资讯	14）氧化锆是一种固体_____，在工作温度达到300℃以上时，____离子可以在其内部扩散。 15）氧化锆式氧传感器，当可燃混合气较浓时，锆管内、外表面之间的氧离子浓度差_____，输出电压_____；当可燃混合气较稀时，锆管内、外表面之间氧离子的浓度差_____，输出电压_____。 16）氧化钛式氧传感器是利用半导体材料氧化钛的_____随排气中____浓度的变化而改变的特性制成的，当氧含量较高时，电阻值_____；当氧含量较低时，电阻值_____。 17）线性宽频式氧传感器能够在较宽的_____范围内检测尾气中的_____浓度，是在_____的基础上扩展而来。 18）线性宽频式氧传感器主要由_____、_____、扩散孔、_____、控制器A和B及相关电路组成。 19）科鲁兹LDE发动机氧传感器端子加热器内阻应为_____Ω，且由发动机ECM _____信号控制。 20）迈腾B8L轿车发动机上装配有_____个氧传感器，前氧传感器的类型为_____。 21）三元催化转化器的清洗液通过工具由_____吸入发动机，通过燃烧室、排气管到达_____，在一定温度下，与三元催化转化器表明的覆盖物发生化学反应，以达到清洁的目的。 22）结合下图，写出三元催化转化器的结构名称。 1._____ 2._____ 3._____ 4._____ 5._____ 23）写出下图中各部件的名称。 1._____ 2._____ 3._____ 4._____

（续）

24）结合下图，写出氧化锆式氧传感器的内部结构名称。

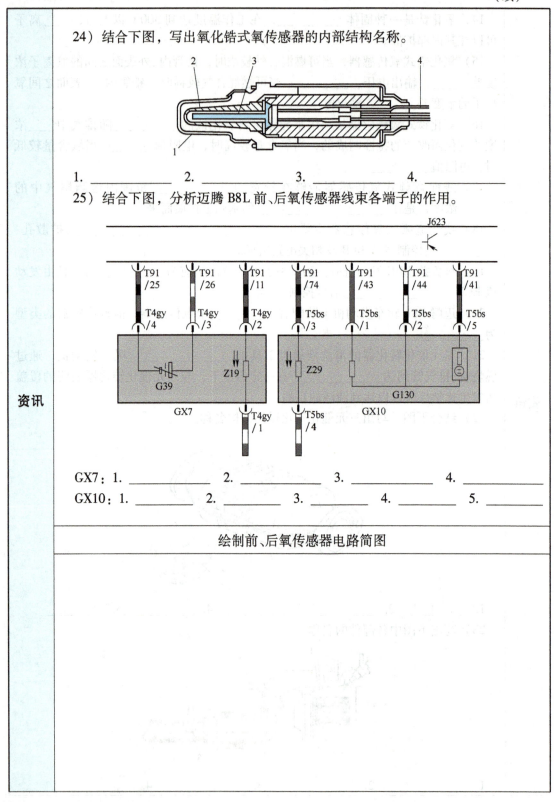

1. _____ 2. _____ 3. _____ 4. _____

25）结合下图，分析迈腾 B8L 前、后氧传感器线束各端子的作用。

GX7：1. _____ 2. _____ 3. _____ 4. _____
GX10：1. _____ 2. _____ 3. _____ 4. _____ 5. _____

绘制前、后氧传感器电路简图

（续）

		检测与诊断步骤			仪器与工具、量具	
计划与决策	实施计划	1.				
		2.				
		3.				
		4.				
		5.				
		6.				
		7.				
		8.				
		9.				
	任务分工	职责	组长/记录	主操作	辅操作	仪器管理	安全6S	质检
		姓名						
	注意事项						

实施

一、车辆基本检查

1. 实训车辆安全防护	
2. 登记车辆基本信息	整车型号：
	车辆识别代码：
	发动机型号：
3. 车辆油、电、水的检查	□ 正常　　□ 不正常
4. 故障码的检查	DTC：

（续）

二、氧传感器及电路检测

1. 氧传感器外观的检查			□ 正常	□ 不正常
	元件端子	ECM 端子	功能	导线颜色

2. 氧传感器加热丝内阻的检测		检测条件		
使用设备	检测端子	标准描述	检测结果	是否正常

3. 氧传感器加热丝供电线路的检测		检测条件		
使用设备	检测端子	标准描述	检测结果	是否正常

4. 氧传感器加热丝控制信号线路的检测		检测条件		
使用设备	检测端子	标准描述	检测结果	是否正常

5. 氧传感器加热丝控制信号波形的检测（PWM）		检测条件		
使用设备	检测端子	正表笔连接	负表笔连接	是否正常

标准波形	检测波形

实施

(续)

实施	6.前、后氧传感器信号波形对比的检测		检测条件		
	使用设备	检测端子	正表笔连接	负表笔连接	是否正常
	标准波形			检测波形	

三、诊断结论

元件损坏	名称：	维修建议：□更换　□维修　□调整
线路故障	线路区间：	维修建议：□更换　□维修　□调整
其他		

检查与评估	检查监督	□6S管理　□分工合理　□过程完整　□操作规范 □数据正确　□现场恢复　□其他异常情况：_____			
	过程考核	过程考核评价	组长考核个人		
			A	B	C
		教师考核小组	A	90~100分	80~89分	70~79分
			B	80~89分	70~79分	60~69分
			C	70~79分	60~69分	不合格
		个人最终成绩			

（续）

	项目	评分标准	分值	得分
检查与评估	参考考核标准			
	工作任务	明确工作任务，理解任务的重要性	6	
	前期准备	掌握任务实施的基本知识以及重难点	6	
	工作计划	按照任务要求，制订工作计划	6	
		小组每人任务分工	5	
		准备相关设备和工具	5	
	任务实施	车辆安全防护、基本信息登记	5	
		车辆油、水、电的基本检查	5	
		氧传感器外观的检查	3	
		氧传感器加热丝内阻的检测	5	
		氧传感器线束的检测	5	
		氧传感器加热丝控制信号波形的检测（PWM）	8	
		前后氧传感器加热丝信号波形对比的检测（PWM）	9	
	6S管理	清理场地，整理设备工具	10	
	实施过程	操作过程的规范标准	10	
	自我评价	对自身情况进行客观评价	6	
		任务实施过程中对自身问题进行评价	6	
	得分（满分100分）			

实训小结

任务 5.3　汽车尾气的检测与分析

姓名		学生组号		班级	
实训场地		课时		日期	
任务导入	一辆科鲁兹轿车，年检尾气排放检测未达标，入厂进行维修。技术经理要求对该车尾气进行重新检测并分析故障原因					
任务目标	掌握相关理论知识，制订工作计划，完成汽车尾气的检测，并分析故障原因					
实训设备	科鲁兹轿车或 LDE 发动机电控实训台或相似实训设备					
资讯	1）汽车排放的主要污染物有＿＿＿、＿＿＿、＿＿＿、＿＿＿和＿＿＿。 　　2）汽油机的主要污染物是＿＿＿、＿＿＿和＿＿＿。 　　3）柴油机最重要的排气污染物是＿＿＿和＿＿＿。 　　4）汽车排放的污染物主要来自于发动机＿＿＿，还包括曲轴箱＿＿＿、燃油供给系统中蒸发的＿＿＿等。 　　5）CO_2 是正常燃烧的主要产物，其本身是无毒的，但它却是引起"＿＿＿效应"的主要成分。 　　6）CO 是烃燃料燃烧的中间产物，主要是在＿＿＿或＿＿＿条件下，由于烃不能完全燃烧而产生，混在内燃机废气中排出。 　　7）HC 经强烈的阳光照射，会发生光化学反应，生成＿＿＿烟雾。 　　8）混合气在＿＿＿、＿＿＿下燃烧时形成多种 NO。 　　9）微粒产生的主要原因是＿＿＿。 　　10）中国汽车排放标准大体上采用＿＿＿标准体系，国标略低于＿＿＿标，现阶段实行的是国＿＿＿排放标准。 　　11）汽油发动机尾气检测方法有＿＿＿、＿＿＿、＿＿＿。 　　12）GB 18285—2005 规定的汽油发动机尾气检测方法是＿＿＿。 　　13）双怠速法是指在＿＿＿工况下和＿＿＿工况下测试汽车的排放浓度。 　　14）高怠速工况是指满足怠速条件下，用加速踏板将发动机转速稳定在＿＿＿的额定转速或制造厂技术文件中规定的＿＿＿转速时的工况。 　　15）汽油机尾气分析是对发动机的燃烧状况进行综合评价，主要分析内容有混合气＿＿＿、＿＿＿及三元催化转化器效率等。 　　16）汽油机尾气主要分析的参数有＿＿＿、＿＿＿、＿＿＿和＿＿＿等的含量，还有＿＿＿或＿＿＿等。					

（续）

资讯	17）尾气中 CO_2 可以反映出燃烧的_____，当发动机中的混合气充分燃烧时，CO_2 将达到峰值。 18）O_2 是反映空燃比的_____，如果混合气过浓，O_2 的读数_____，CO 的读数_____；如果混合气过稀，O_2 的读数_____，CO 的读数_____。 19）CO 是因为_____不完全引起的，如果发动机的 CO 过高，很可能是_____。 20）当使用尾气分析仪时，取样管插入深度大于_____。 21）柴油机排放的碳烟多少用_____来衡量。 22）滤纸被染黑的程度用数量表示，称为_____，是没有量纲的数值，又称_____烟度单位，用_____表示。 23）自 2018 年 1 月 1 日起，所有制造、进口、销售和注册登记的轻型柴油车，需符合_____标准要求。 24）柴油机碳烟检测方法是_____。 25）汽油机尾气检测所用的仪器是_____，柴油机尾气检测所用的仪器是_____。

		检测与诊断步骤	仪器与工具、量具
计划与决策	实施计划	1.	
		2.	
		3.	
		4.	
		5.	
		6.	
		7.	
		8.	
		9.	

任务分工	职责	组长/记录	主操作	辅操作	仪器管理	安全6S	质检
	姓名						

注意事项	

（续）

	一、车辆基本检查		
实施	1. 实训车辆安全防护		
	2. 登记车辆基本信息	整车型号：	
		车辆识别代码：	
		发动机型号：	
	3. 车辆油、电、水的检查	☐ 正常　　☐ 不正常	
	4. 故障码的检查	DTC：	
	二、汽车尾气的检测		
	1. 起动车辆暖机	☐ 正常	☐ 不正常
	2. 检查尾气分析仪设备及附件	☐ 正常	☐ 不正常
	3. 检查计算机、测试软件	☐ 正常	☐ 不正常
	4. 连接检测设备	☐ 正常	☐ 不正常
	5. 启动检测设备	☐ 正常	☐ 不正常
	6. 零点校准及 HC 残留测试	☐ 正常	☐ 不正常
	7. 检测尾气数据	☐ 正常	☐ 不正常
	CO	正常数值	检测数值
	CH		
	CO_2		
	O_2		
	λ		
	8. 尾气分析仪关闭	☐ 正常	☐ 不正常
	三、尾气分析与诊断		
	异常情况：	原因分析：	
	异常情况：	原因分析：	
	异常情况：	原因分析：	
	其他：	原因分析：	
	维修建议：		

（续）

实施	四、诊断结论			
	元件损坏	名称：	维修建议：☐更换 ☐维修 ☐调整	
	线路故障	线路区间：	维修建议：☐更换 ☐维修 ☐调整	
	其他			

	检查监督	☐6S管理　　☐分工合理　　☐过程完整　　☐操作规范 ☐数据正确　　☐现场恢复　　☐其他异常情况：_____			
过程考核	过程考核评价		组长考核个人		
			A	B	C
	教师考核小组	A	90～100分	80～89分	70～79分
		B	80～89分	70～79分	60～69分
		C	70～79分	60～69分	不合格
	个人最终成绩				

检查与评估	参考考核标准	项目	评分标准	分值	得分
		工作任务	明确工作任务，理解任务的重要性	6	
		前期准备	掌握任务实施的基本知识以及重难点	6	
		工作计划	按照任务要求，制订工作计划	6	
			小组每人任务分工	5	
			准备相关设备和工具	5	
		任务实施	车辆安全防护、基本信息登记	5	
			车辆油、水、电的基本检查	5	
			车辆暖机	6	
			尾气分析仪的连接	8	
			尾气的检测	8	
			检测结果分析	8	
		6S管理	清理场地，整理设备工具	10	
		实施过程	操作过程的规范标准	10	
		自我评价	对自身情况进行客观评价	6	
			任务实施过程中对自身问题进行评价	6	
			得分（满分100分）		

(续)

检查与评估	实训小结	

附　录

附录 A　上汽通用汽车特约售后服务中心维修工单

上汽通用汽车特约售后服务中心维修工单
SHANGHAI GM AUTHORIZED SERVICE CENTER REPAIR ORDER

第 1 页　共 1 页

工单类型	维修类型	客户自费维修	工时单价	打印时间		
开单日期	牌照号	车辆识别号	发动机号	品牌	车型	行驶里程数	车辆颜色
车主			邮编	地址		送修人	业务接待

序号	项目/操作代码	客户故障描述	检测结果/故障原因	项目名称/维修措施	保修起始日期	电话	标准工时	附加工时	保修起始里程	手机	工时费	技师	故障码	投诉代码	索赔标志
1			□零件损坏 □线路故障 □其他	请写明元件名称： 请写明线路区间：	□更换 □维修 □调整										
2			□零件损坏 □线路故障 □其他	请写明元件名称： 请写明线路区间：	□更换 □维修 □调整										

车辆损坏标记 BODY DAMAGE MARK

燃油 FUEL　E — 1/2 — F

旧件是否保留？　是□　否□
其他费用
预计金额

是否洗车？　是□　否□
质检签名

车内无贵重物品
客户签名
入厂　初期

预计交车时间

序号	工单号	开单日期	工单类型	维修类型	里程数量	业务接待	责任技师

维修历史

特约售后服务中心名称：　　　　　　　　地址：　　　　　　　　电话：

附录 B 2018 年全国中等职业学校技能大赛"汽车机电维修"赛项赛卷与评分标准

技术平台：通用别克威朗轿车（2017 款 15s 自动进取型）（发动机控制部分）

选手参赛号		工位号		裁判签字	

车辆信息	整车型号	SGM7152DAAA
	车辆识别代码	LSGBC534 * HG * * * * *
	发动机型号	L3G

故障描述	车辆无法起动				
项目	作业记录内容			分值	备注
一、前期准备	① 填写车辆信息 ② 安装座椅、地板和转向盘三件套 ③ 安装翼子板布和前格栅布			1	
二、安全检查	① 安装车轮挡块，插尾气抽气管 ② 检查驻车制动器和档位 ③ 检查机油、冷却液、制动液和蓄电池电压			1	
三、仪器连接	① 关闭点火开关 ② 正确连接诊断仪器			1	
四、故障现象确认	确认故障并记录故障现象（根据不同故障范围，进行功能检测，并填写检测结果）			1	
	① 仪表显示	□ 正常	□ 不正常		
	② 发动机起动及急速运转状况	□ 正常	□ 不正常		
	③ 其他（如果有）	□ 正常	□ 不正常		
五、故障码检查	□ 无 DTC □ 有 DTC：P1682 等故障码（根据诊断仪显示填写） 车辆起动后出现 P0300			1	
六、正确读取数据和清除故障码	1. 冻结帧/故障记录（只记录故障发生时的数据帧内容）包括如下： 　1）基本数据 　2）冻结帧/故障记录数据中除基本数据外的反映故障码特征的相关数据 2. 与故障特征相关的动态数据记录 3. 清除故障码 4. 确认故障码是否再次出现，并填写结果 P1682 等故障码根据实际测量填写（根据诊断仪显示填写）			1	

（续）

项目	作业记录内容			分值	备注
七、确定故障范围	请根据控制原理、电路图及故障现象确认结果进行分析判断，以下哪些是可能的故障原因			0	
		☐ 可能	☐ 不可能		
		☐ 可能	☐ 不可能		
		☐ 可能	☐ 不可能		
		☐ 可能	☐ 不可能		
		☐ 可能	☐ 不可能		
八、基本检查	线路/插接器外观及连接情况　　☐ 正常　☐ 不正常 零件安装等　　☐ 正常　☐ 不正常			1	
九、电路测量	1. 工单记录 结合诊断流程和电路图对相关电路进行测量，在下表中标注和判断所有系统相关电路			4	
	电路范围	检查或测试后的判断结果			
	X50A/X3/18—K20/X1/67	☐ 正常	☐ 不正常		
	X50A/X3/51—K20/X1/16	☐ 正常	☐ 不正常		
	X50A/X3/52—T8A/4	☐ 正常	☐ 不正常		
	K20/X2/44—T8A/2	☐ 正常	☐ 不正常		
	T8A/1—G122	☐ 正常	☐ 不正常		
	注意：严格按照维修手册相关故障诊断流程的步骤进行操作				
	2. 作业内容 1）KR75/ B+电路 ➤ 将点火开关置于"OFF"（关闭）位置，断开KR75发动机控制点火继电器 ➤ 确认搭铁和端子30（B+）之间的测试灯点亮（点亮正常） ➤ 确认搭铁和端子85（B+）之间的测试灯点亮（点亮正常） 2）KR75/87电路 ➤ 将点火开关置于"ON"（打开）位置 ➤ 确认点火电压电路端子87和搭铁之间的测试灯未点亮（未点亮正常） ➤ 将点火开关置于"OFF"位置，用一根带20A熔丝的跨接线连接B+电路端子30和点火电压电路端子87 ➤ 将点火开关置于"ON"位置 ➤ 确认诊断仪上的"Engine Controls Ignition Relay Feedback Signal"（发动机控制点火继电器反馈信号）参数显示为B+（未显示B+不正常）			7	

(续)

项 目	作业记录内容	分值	备注
九、电路测量	➤ 将点火开关关闭。所有车辆系统断电可能需要2min（考虑到比赛时间，等待15s） ➤ 断开K20发动机控制模块的X1线束插接器 ➤ 测试继电器开关点火电压电路 ➤ KR75/87-F12UA端到端的电阻是否<2Ω（<2Ω正常） ➤ F12UA-K20/X1/16端到端的电阻是否<2Ω（<2Ω正常） ➤ 测量F12UA（15A）熔丝（熔断不正常） ➤ 测试继电器开关点火电压电路和搭铁之间的电阻是否为无穷大（无穷大正常） ➤ 更换F12UA（15A）熔丝 ➤ 确认诊断仪上的"发动机控制点火继电器反馈信号"参数显示为B+（B+正常） 3）KR75/86电路 ➤ 将点火开关置于"OFF"位置，在控制电路端子86和搭铁之间连接一个数字式万用表，设定为二极管档 ➤ 确认数字式万用表显示"OL"（过载）（OL过载正常） ➤ 将点火开关置于"ON"位置。确认数字式万用表显示小于1V（<1V正常） ➤ 测试或更换KR75发动机控制点火继电器（详见部件测试） 4）P0300电路/系统检验&测试 ➤ 发动机在正常工作温度下运行 ➤ 确认发动机无异响 ➤ 确认诊断仪上的"气缸1～4当前缺火计数器"参数未增加（气缸1参数增加不正常） ➤ 将点火开关置于"OFF"位置，从火花塞上拆下相应的T8点火线圈，然后将EL26792HEI火花测试仪连接到火花塞套管上，起动发动机（无火花不正常） 5）电子点火系统诊断 ➤ 将点火开关置于"OFF"位置，并关闭所有车辆系统，断开相应的T8点火线圈处的线束插接器。所有车辆系统断电可能需要2min（考虑到比赛时间，等待15s） ➤ 测试搭铁电路端子1或A和搭铁之间的电阻是否<5Ω（<5Ω正常） ➤ 测试低电平参考电压电路端子2或B和搭铁之间的电阻是否<5Ω（<5Ω正常） ➤ 将点火开关置于"ON"位置 ➤ 确认点火电路端子4或D和搭铁之间的测试灯是否点亮（点亮正常）	19	
	➤ 将点火开关置于"OFF"位置，使用已知有效气缸的T8点火线圈更换可疑的T8点火线圈 ➤ 发动机运行 ➤ 确认在被拆下可疑T8点火线圈的相同气缸上，故障诊断仪的"Cylinder 1～4 Current Misfire Counter"（气缸1～4当前缺火计数器）参数未增加（未增加正常） ➤ 测试或更换相应T8点火线圈	2	

(续)

项　目	作业记录内容	分值	备注
九、电路测量	6）相关波形 ① 测量一缸点火线圈怠速时工作波形 示波器正表笔连接元件端口编号：T8A　端子号：3 示波器负表笔连接部位：GND 每格电压：2V　每格时间：10ms ② 绘制排气 VVT 电磁阀 2000r/min 时工作波形示波器正表笔连接元件端口编号：Q6E　端子号：1 示波器负表笔连接部位：GND 每格电压：5V　每格时间：5ms	3 2	
十、部件测试	1. 工单记录 	部件	检查或测试后的判断结果
---	---
KR75（发动机控制点火继电器）	□正常　□不正常
F12UA（15A 熔丝）	□正常　□不正常
F13UA（15A 熔丝）	□正常　□不正常
T8A（点火线圈1）	□正常　□不正常
K20（发动机控制模块）	□正常　□不正常		6	

（续）

项目	作业记录内容	分值	备注
十、部件测试	2. 作业内容 1）KR75 发动机控制点火继电器 ➢ 将点火开关置于"OFF"位置，断开 KR75 发动机控制点火继电器 ➢ 测试端子 85 和 86 之间的电阻是否在 60～180Ω 范围内（60～180Ω 正常） ➢ 测量下列端子之间的电阻是否为无穷大 　30（3）和 86（2）（测量结果为无穷大） 　30（3）和 87（5）（测量结果为无穷大） 　30（3）和 85（1）（测量结果为无穷大） 　85（1）和 87（5）（测量结果为无穷大） ➢ 在继电器端子 85（1）和 12V 电压之间安装一根带 20A 的熔丝丝跨接线。将一根跨接线安装在继电器端子 86（2）和搭铁之间 ➢ 测试端子 30（3）和 87（5）之间的电阻是否 <2Ω（测量结果为无穷大不正常） ➢ 更换 KR75 发动机控制点火继电器 2）F12UA 15A 熔丝 ➢ 测量 F12UA 15A 熔丝（熔断不正常） 3）F13UA 15A 熔丝 ➢ 测量点火电路端子 4 或 D 和搭铁之间的测试灯是否点亮（点亮正常） 4）T8A 点火线圈 1 ➢ 注意：在进行"部件测试"前，必须执行"电路/系统测试" ➢ 将点火开关置于"OFF"位置，将 EL26792HEI 火花测试仪连接至相应的 T8 点火线圈 ➢ 发动机运行 ➢ 确认 T8 点火线圈的火花输出（无火花不正常） 5）发动机控制模块 ➢ 故障排除后起动正常，发动机控制模块正常	6	
十一、故障部位确认和排除	根据上述的所有检测结果，确定故障内容并注明： □ 元件损坏　　请写明元件名称： 　　　　　　　KR75 继电器损坏 　　　　　　　F12UA 熔丝损坏 　　　　　　　T8A 点火线圈损坏 □ 线路故障　　请写明 　　　　　　　线路区间： □ 其他 故障点的排除处理说明： □ 更换　　　□ 维修　　　□ 调整	6	

(续)

项目	作业记录内容	分值	备注
十二、维修结果确认	① 维修后故障码读取，并填写读取结果（无须填写） ② 与原故障码相关的动态数据检查结果（无须填写） ③ 根据故障内容绘制相关电路的正常波形 ④ 维修后的功能确认并填写结果（无须填写）	0	
空调诊断部分删减			
十三、现场整理	① 整理车辆、工具、仪器、设备，恢复工位 ② 将万用表、检测仪和连接线恢复到位 ③ 整理车辆防护用品	2	
十四、工作安全、操作规范、5S	整理检测仪和万用表等 其他相关操作规范等	4	

裁判长签字：	
日期：	年　月　日

附录 C　全国职业院校技能大赛高职组"汽车检测与维修"赛项竞赛试题库

2018 年全国职业院校技能大赛高职组"汽车检测与维修"赛项正式赛卷

汽车发动机故障诊断分赛项 试题序号：06

技术平台：迈腾 B8L 2.0TSI

故障现象	故障码	故障属性	故障描述
起动机不转	T91/79	虚接	驱动 CAN-H 20Ω 电阻搭铁
起动机转但发动机无法起动		虚接	SB17、J623 的 30 供电虚接
		断路	J757 次级断路
	T105/28 + T105/70	错接与断路	G163 信号线搭铁 + G28 信号线断路
发动机运行故障	T105/1	断路	二缸高压喷嘴负极线断路
	T105/25	断路	一缸低压喷嘴信号线断路

命题人：　　　　　　　　　裁判长：　　　　　　　　　比赛监督：

2016年全国职业院校技能大赛高职组"汽车检测与维修"赛项竞赛试题库

分赛项名称:汽车发动机系统检修 试题序号:001(A)

技术平台:迈腾1.8TSI

故 障 现 象	预设故障点
起动机不转	1.1.1 SC10熔丝虚接故障(8步)
	1.1.2 J682继电器触点无法闭合故障(6步)
起动机转而发动机无法起动	2.1.1 油泵控制模块自身故障
	2.1.2 点火线圈正极电源(SB10)虚接故障
发动机运转不良	3.7 N316上的管路接反(导致进气歧管翻板转换的真空箱在熄火后不能复位)

试题序号:002(B)

故 障 现 象	预设故障点
起动机不转	1.2.2 J682继电器线圈(与之并联的电阻完好)断路故障(6步)
	1.2.1 起动机控制信号T1V插接器断路损坏(5步)
起动机转而发动机无法起动	2.2.1 油泵控制模块电源负极断路故障
	2.2.2 点火线圈正极电源(SB10)断路故障
发动机运转不良	3.2 节气门体驱动电动机电路内部虚接故障(Tas/3对应电路)

试题序号:003(A)

故 障 现 象	预设故障点
起动机不转	1.3.2 SC10熔丝熔断损坏故障(8步)
	1.3.1 起动机控制信号T1V插接器虚接损坏(5步)
起动机转而发动机无法起动	2.3.1 油泵控制模块输出正极断路故障(对应T5a/1)
	2.3.2 点火线圈正极电源(SB10)虚接故障
发动机运转不良	3.3 加速踏板的两根角度电位计的线路交叉反接(T94/61接T6q/4,T94/83接T6q/6)

试题序号:004(B)

故 障 现 象	预设故障点
起动机不转	1.4.1 SB13熔丝熔断损坏故障(7步)
	1.4.2 J682继电器触点无法闭合故障(5步)
起动机转而发动机无法起动	2.4.1 油泵控制模块自身故障
	2.4.2 点火线圈正极电源(SB10)断路故障
发动机运转不良	3.4 喷油器正极电路虚接

试题序号:005(A)

故 障 现 象	预设故障点
起动机不转	1.5.1 SB13熔丝虚接损坏故障(8步)
	1.5.2 J682继电器线圈(与之并联的电阻完好)断路故障(5步)
起动机转而发动机无法起动	2.5.1 油泵控制模块输出负极断路故障(对应T5a/5)
	2.5.2 点火线圈正极电源(SB10)虚接故障
发动机运转不良	3.5 节气门位置传感器信号线交叉反接(T60/41接T6as/4,T60/24接T6as/1)

试题序号：006（B）

故障现象	预设故障点
起动机不转	1.6.1　J329 继电器触点无法闭合故障（10 步）
	1.6.2　起动机电源供电电路（断路）故障（5 步）
起动机转而发动机无法起动	2.6.1　油泵控制模块正极（SC36）虚接故障
	2.6.2　点火线圈正极电源（SB10）虚接故障
发动机运转不良	3.6　N316 上的管路接反（导致进气歧管翻板转换的真空箱在熄火后不能复位）

试题序号：007（A）

故障现象	预设故障点
起动机不转	1.7.1　J329 继电器线圈（与之并联的电阻未损坏）断路故障（10 步）
	1.7.2　起动机搭铁电路断路故障（5 步）
起动机转而发动机无法起动	2.7.1　油泵控制模块电源正极（SC36 虚接）故障
	2.7.2　点火线圈正极电源（SB10）虚接故障
发动机运转不良	3.1　通过设置 SB17 熔丝虚接故障，造成 N276 燃油压力调节器工作异常

试题序号：008（B）

故障现象	预设故障点
起动机不转	1.8.1　J329 继电器线圈（与之并联的电阻损坏）断路故障（10 步）
	1.8.2　起动机电源供电电路（断路）故障（5 步）
起动机转而发动机无法起动	2.8.1　油泵控制模块输出正极故障（对应 T5a/1）
	2.8.2　点火线圈正极电源（SB10）断路故障
发动机运转不良	3.8　节气门体驱动电动机电路内部虚接故障（Tas/5 对应电路）

试题序号：009（A）

故障现象	预设故障点
起动机不转	1.9.1　SB30 熔丝熔断损坏故障（11 步）
	1.9.2　起动机搭铁电路虚接故障（5 步）
起动机转而发动机无法起动	2.9.1　油泵控制模块电源负极故障
	2.9.2　点火线圈正极电源（SB10）虚接故障
发动机运转不良	3.9　喷油器负极电路虚接

试题序号：010（B）

故障现象	预设故障点
起动机不转	1.10.1　SB30 熔丝虚接损坏故障（11 步）
	1.10.2　起动机电源供电电路（虚接）故障（5 步）
起动机转而发动机无法起动	2.10.1　油泵控制模块输出负极断路故障
	2.10.2　点火线圈正极电源（SB10）断路故障
发动机运转不良	3.10　通过设置 SB17 熔丝熔断故障，造成 N276 燃油压力调节器工作异常

附 录

2015年全国职业院校技能大赛高职组"汽车检测与维修"赛项正式赛卷
汽车发动机故障诊断分赛项 试题序号：09

技术平台：迈腾 1.8TSI

故障现象	故障码	故障属性	故障位置	电路简图	相关说明
起动机不转	64	虚接	J271的86端子与J623的T94/69端子线路虚接	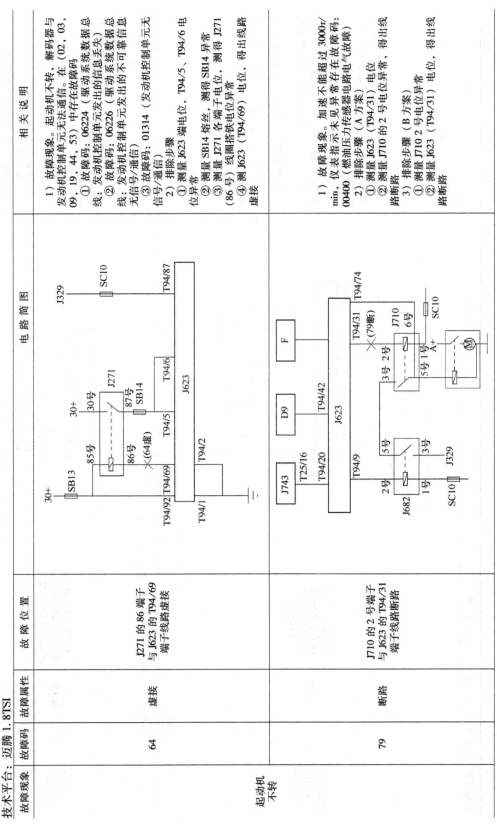	1) 故障现象。起动机不转，解码器与发动机控制单元无法通信。在 (02、03、09、19、44、53) 中存在故障码 ① 故障码：06224（驱动系统数据总线，驱动系统数据总线，驱动系统数据总线：发动机控制单元发出的信息丢失） ② 故障码：06226（驱动系统数据总线：发动机控制单元发出的不可靠信息） ③ 故障码：01314（发动机控制单元无信号/通信） 2) 排除步骤 ① 测量J623端电位，测得SB14电位异常 ② 测量SB14熔丝，测得SB14异常 ③ 测量J271各端子电位，测得J271（86号）测得J623（T94/69）电位，得出线路虚接 ④ 测量J623搭铁电位异常
	79	断路	J710的2号端子与J623的T94/31端子线路断路		1) 故障现象。加速不能超过3000r/min，仪表指示灯未见异常但存在电路电气故障，00400（燃油压力传感器电路电气故障） 2) 排除步骤（A方案） ① 测量J623（T94/31）电位 ② 测量J710的2号电位异常，得出线路断路 3) 排除步骤（B方案） ① 测量J710 2号电位异常 ② 测量J623（T94/31）电位，得出线路断路

125

(续)

故障现象	故障码	故障属性	故障位置	电路简图	相关说明
起动机转动机但发动机无法起动	21	虚接	J623 的 T94/30 端子和 J538 的 T10p/2 端子之间虚接	（电路图：J623 T94/30、T10P/2、T10P/6；sc10 15+、sc36 30+；T10P/3、T10P/1；J538；(21虚)）	1）故障现象：车辆正常怠速1min左右，之后逐渐熄火。再次起车现象呈规律性再现 2）排除步骤 ① 读取数据流，感知排气流，发现油压异常（进气和油压数据组） ② 对油泵执行元件测试，低压油泵无动作 ③ 测量 J538（T10P/2）波形、波形异常 ④ 测量 J623（T94/30）波形，对比两端得出线路虚接
发动机运行故障	13	断路	J623 的 T60/40 端子与 G247 之间线路断路 2 端子之间线路断路	（电路图：J623 T60/29、T60/40、T60/13；T3br/3、(13)、/2、/1；G247）	1）故障现象：加速不能超过3000r/min，仪表指示灯未见异常。故障码：00400，故障码定义：燃油压力传感器电路电气故障 2）排除步骤 ① 验证故障码，读取发动机（01）数据流值，油压异常 ② 测量 J623 端电位，电位异常 ③ 测量 G247 端电位（供电搭铁反信号），信号端 T3br/2 电位变化异常，得出线路断路

参 考 文 献

[1] 马明芳. 汽车发动机电气系统故障诊断与排除任务工单 [M]. 北京：机械工业出版社，2013.
[2] Fischer Richard. 汽车维修技能学习工作页 [M]. 北京：机械工业出版社，2012.
[3] 吉利. 发动机管理系统诊断维修 [M]. 北京：机械工业出版社，2016.
[4] 许冀阳. 汽车发动机电控系统原理与故障诊断 [M]. 北京：北京理工大学出版社，2017.